Bergfotografie

Peter Mathis

Bernd Ritschel

Jürgen Winkler

Heinz Zak

Axel Klemmer

BERGFOTOGRAFIE

Die vier Fotografen der

edition BERGE

Peter Mathis

Bernd Ritschel

Jürgen Winkler

Heinz Zak

Bergverlag Rother

Umschlag vorne:
Peter Bauer, »Stained Blood«, Chugach Mountains, Alaska, USA (Peter Mathis)
Bub in Ghandrung, Nepal (Jürgen Winkler)
Nebelstimmung, Bayerische Voralpen, Deutschland (Bernd Ritschel)
Alexander Huber, »Salathé«-Route, El Capitan, Yosemite National Park, Kalifornien, USA (Heinz Zak)

Umschlag hinten:
Sturmwolke über dem Mont Blanc, Frankreich (Jürgen Winkler)
»Cosmic Balance«, Colorado Plateau, Utah, USA (Peter Mathis)
Fünffingerspitze im Abendlicht, Dolomiten, Italien (Bernd Ritschel)
Tuffsteingebilde am Mono Lake, Kalifornien, USA (Heinz Zak)

Seite 2:
Dent du Géant, Mont-Blanc-Massiv, Frankreich (Peter Mathis)
Manaslu, 8156 m, Manaslu Himal, Nepal (Bernd Ritschel)
Pala, Dolomiten, Italien (Jürgen Winkler)
Fitz-Roy-Massiv bei Sonnenaufgang, Patagonien (Heinz Zak)

Bild rechts:
John Hayward auf einer Felsnadel in Joshua Tree, Kalifornien, USA (Heinz Zak)

IMPRESSUM

1. Auflage 2001
Bergverlag Rother GmbH, München

ISBN 3-7633-7510-4
Lektorat: Dr. Gerhard Hirtlreiter
Gestaltung: Angelika Zak
Litho und Druck: www.ALPINADRUCK.com

Inhalt

Vorwort

»Die Berge waren groß, sie schienen sich zu drehen.«
(Robert Walser, Kleine Wanderung)

»Lächerlich, diese Berge. Sie werden ja doch niemals in den Himmel ragen.«
(Friedrich Torberg, Der Schüler Gerber)

Dies ist ein Buch über vier Männer, denen die Berge in den Himmel wachsen. Eine starke Kraft bindet sie an die steinernen Ausblähungen der Erdkruste, an die so unterschiedlichen Berggestalten, an das Leben, das sich dort eingerichtet hat, und an die Vergnügungen, die der Höhenunterschied gewährt. Bilder suchend, pendeln sie zwischen den Gipfeln – als Wanderer und Kletterer, als Mountainbiker und Skibergsteiger. Ihr Leben, scheint es, ist eine Lust. Sie bereisen die schönsten Gebirgslandschaften der Erde zu nichts als dem Zweck, sie anzuschauen. Das Schauen ist ihre Leidenschaft, das Geschaute mit der Kamera festzuhalten, ist ihr Beruf.

»Peter Mathis, Bernd Ritschel, Jürgen Winkler und Heinz Zak gehören im deutschen Sprachraum zu den profiliertesten Bergfotografen.« Das meint, sie sind Bergsteiger und Fotografen, und ihre Arbeit entsteht im aufregenden Irgendwo zwischen Ernst und Spaß, Letzterem sicher näher. Liebhaber des schöneren Lebens zwischen Gipfeln und Tälern, legen sie davon Zeugnis ab. Ihre Ansichten aus den Bergen rühren darum zuerst die an, die diese Liebhaberei teilen; sie dienen also dem Austausch zwischen »Wissenden«. Doch sie vermögen auch neue Begeisterung zu wecken. »Ohne Foto hätte ich vielleicht nie etwas von der Existenz der Berge erfahren«, hat Reinhard Karl geschrieben, der Automechaniker, der aus Büchern von der steilen Welt hinter den Werkstatttoren erfuhr, Bergsteiger wurde und Fotograf, und der in späteren Jahren als erster Deutscher den Mount Everest bestieg. Und der seinerseits den Menschen zeigte, was die Berge sind. Man kann Karls viel beachtete Bilder auch in diesem Sinn begreifen: als Dokumente der Dankbarkeit.

Wie entstehen gute Bergbilder? »Ich kann nur gute Arbeit leisten, wenn ich voller Enthusiasmus bin«, hat der wegweisende Farbfotograf Ernst Haas einmal geschrieben. Leidenschaft auszudrücken, Begeisterung zu vermitteln – das mag dem Bergsteiger einfach erscheinen. Seiner starken Empfindungen gewiss, richtet er die Kamera auf den Berg und betätigt den Auslöser. Jetzt ist seine Emotion ein Stück Kunststoffstreifen, 24 x 36 Millimeter klein und einzutüten neben den vielen anderen. Wenn er es zur Hand nimmt oder stark vergrößert an die Leinwand projiziert, weckt es in ihm vielleicht auch einen Nachklang der großen Gefühle. Oder eben nicht. All die anderen aber, die nicht dabei gewesen sind und also nur das Bild sehen? Man müsste ihnen erklären, was sie dabei zu empfinden hätten ...

Gute Fotografien bedürfen keiner Erklärung. Sie berühren den Betrachter unmittelbar. So wie die Bilder in diesem Buch.

Aber was ist »Bergfotografie« eigentlich – der Wildfang der Landschaftsfotografie? In den Arbeiten der edition Berge verwischen sich die Kategorien. Der unvoreingenommene Betrachter sieht Sport, Reportage, Porträt, Stillleben und, ja, viel Landschaft. Wie sie da ins Bild gesetzt ist, im Spiel von Licht und Farben, erscheint sie wie grandiose Architektur. Der Mensch

Bergfotografie fürs Familienalbum: »Ich war oben, und es war schön.«
Wer nicht dabei gewesen ist, glaubt es gern und wartet auf die Bilder, die ihn wirklich berühren.
(Axel Klemmer auf dem Ixtaccihuatl, Mexiko)

tritt auf als Schöpfer des Schönen im Natürlichen; es war der große Le Corbusier, der die Dolomiten als die schönste Architektur auf Erden bezeichnet hat. Lassen wir die Schubladen offen, die Möglichkeiten der Fotografie sind immer dieselben.

Julius Shulman, der amerikanische Architekturfotograf, hat die vier Optionen der Bildgestaltung für alle gültig formuliert:

Übersetzen: Die Dinge so zu zeigen, wie sie sind.
Transformieren: Die Gegebenheiten – Gestalt, Licht, Farben und Perspektive – so zu beeinflussen, dass Ähnlichkeit, aber auch Karikatur die Folge sein kann.
Transfigurieren: Ohne jede optische Manipulation – etwa durch die Verzerrung der Proportionen mittels extremer Brennweiten –, sondern nur durch Konstruktion der Bildaussage zu idealisieren, zu glorifizieren und zu dramatisieren.
Transzendieren: Das Wesen der Dinge über das mit bloßem Auge Wahrnehmbare hinaus zu erheben.

In den Bildern der edition Berge sind diese vier Prinzipien zu erkennen. Sie an den größten »Bauwerken« der Erde unter oft schwierigen Bedingungen umzusetzen, verlangt von den Fotografen eine Disziplin und Sorgfalt, die man schlicht professionell nennen könnte, bildete sie nicht auch die Grundlage echter Liebhaberei. »Die sorgfältige Beurteilung eines Bauwerks ist das erste Gebot, und man sollte sich genug Zeit dafür nehmen. Warum würdigen wir nicht die fantastischen Bilder, die vor unseren Augen erscheinen, und machen uns von der fatalen Neigung zum hastigen Schnappschuss frei? Gute Fotografie ist eine Freude. Sie spiegelt die Fähigkeit des Menschen, nachzudenken, abzuwägen und zu bewerten!« (Shulman)
Die Bilder von Peter Mathis, Bernd Ritschel, Jürgen Winkler und Heinz Zak sind Ausdruck von Leidenschaft und Emotion und einer allein dem Ergebnis verpflichteten Sorgfalt des Sehens. Sie sind – eine Liebhaberei.

Axel Klemmer

Ihr Traum vom Glück?
Gesundheit.

Was bedeutet Luxus für Sie?
In der Natur sein und Zeit haben.

Worüber ärgern Sie sich?
Tierquälerei.

Worauf möchten Sie nicht verzichten?
Geschirrspüler.

Was bereitet Ihnen einen kulinarischen Genuss?
Pasta in jeder Form.

Ihre Lieblingsfarbe?
Grau.

Ihr Lieblingsmaler?
–

Welches Gemälde würden Sie gern besitzen?
–

Ein Musikstück, mit dem Sie leben?
»Noturno«, Klaviertrio von Schubert.

Ihre Lieblings-CDs?
Jeweils eine beliebige von: Willy de Ville, Gerhard Polt und der Biermösl Blosn, U2.

Ihre Lieblingsfilme?
Drei Herren, Chocolate, U-Turn, Der Name der Rose.

Wen hätten Sie gern gekannt?
Reinhard Karl.

Ihre Lieblingsbücher?
Tuareg (Alberto Vázquez-Figueroa), Menschen im Gebirge (Herbert Leischner), Island Luftbilder (Klaus D. Franke).

Ihr Lieblingsgebäude?
Bauernhöfe.

Die schönste Landschaft, die Ihnen vor die Linse gekommen ist?
Es gibt zu viele davon.

Welche Jahreszeit mögen Sie am liebsten?
Herbst.

Ein alpinistisches Ziel für die nächsten Jahre?
Mont Blanc, Frêneypfeiler.

Sie gehen auf Reisen: ein Jahr lang rund um die Welt. Sie dürfen nur eine Kamera mit einem Objektiv (Festbrennweite) mitnehmen. Ihre Wahl?
Mechanische Kleinbild-Spiegelreflexkamera, 2/135 mm.

Ihr größtes Vorbild als Fotograf?
–

Welches berühmte Foto hätten Sie gern aufgenommen?
–

Welche natürliche Gabe möchten Sie besitzen?
Ein Instrument spielen.

Was möchten Sie noch lernen?
Italienisch.

Was macht Ihnen Mut?
Kritik.

Ihre liebste Gewohnheit?
Frühstück am Wochenende.

Ihr Lebensmotto?
Geduld bringt Rosen.

Das beste Bild ...
–

Peter Mathis

Im Tempo liegt die Ruhe

Japaner haben wenig Urlaub. Das ist vor allem im Winter ärgerlich, wenn die Tage kurz sind und die Stunden doppelt kostbar. Darum fahren Japaner auch nach Sonnenuntergang Ski und Snowboard, zum Beispiel im Skigebiet von Rusutsu, auf der Nordinsel Hokkaido. Starkes Flutlicht taucht den Schnee in ein gelbes Licht. Peter Mathis beobachtet das Display seines Belichtungsmessers und rechnet. Natursport kann man es nicht nennen, was der Vorarlberger Fotoprofi an diesem Abend im Land der aufgehenden Sonne dokumentieren will. Vielmehr spektakuläre Action. Schwierig zu belichten. Dabei hat er die Aufnahme längst im Kopf. Von dort muss sie sozusagen über den Finger auf den Auslöser und durch das 85-Millimeter-Objektiv an der Nikon wieder zurück auf den Film. Peter Mathis hat nur einen »Schuss«; geht der daneben, kann er das Motiv abschreiben. Noch einen geeigneten Tiefschneeflecken gibt es nicht hinter der Pistenabsperrung. Verließe er sich in dieser Situation auf die Automatik seiner Hightech-Bildmaschine, wäre er verlassen. Alles stellt er manuell ein, Entfernung, Zeit, Blende, die Lichtmenge des Elektronenblitzes auf dem Gehäuse. Und gibt dem Snowboarder das Zeichen. Der gleitet, immer schneller, heran und legt sich, den rechten Arm hoch erhoben, in die Kurve. Es blitzt. Das Bild ist fertig.

Jahre später, viele tausend Kilometer weiter westlich betätigt Peter Mathis im dunklen Saal den Diaprojektor. Ein leiser Aufschrei geht durch die Reihen. Der Vortragende kennt die Reaktion seines Publikums. Sie ist immer gleich, ob im heimatlichen Vorarlberg um Hohenems oder eben hier im Tiroler Stubaital, wo Peter Mathis zusammen mit seinen drei Kollegen Heinz Zak, Bernd Ritschel und Jürgen Winkler interessierten Amateuren Einblicke in seine Arbeitsweise gewährt. Wo er ihnen zum Beispiel erklärt, wie dieses Foto in Japan entstanden ist, mit den unwirklichen Farben, dem gelben Schnee.

Zauber und Geheimnis sind nicht die Kategorien, in denen Peter Mathis denkt und arbeitet. Geduldig erläutert er die Aufnahmetechnik, und mancher, der mit offenem Mund auf die Leinwand starrt, ist irritiert. Da spricht, scheinbar, ein Feinmechaniker von irgendeinem komplizierten Geflecht hinter der Oberfläche. Um solche Bilder zu machen, sagt er, muss man Rädchen und Hebel bewegen können, einen Plan haben und etwas rechnen. Ein Geheimnis gibt es nicht, nur handwerkliche Sorgfalt. Und: »Künstler«, das sind die anderen. Peter Mathis, der gelernte Tischler, ist fotografischer Autodidakt. Der richtige Mann, um über Kategorien wie Kunst und Handwerk nachzudenken.

Sollte in seiner Vita etwas auffallen, dann ist es vielleicht die Unauffälligkeit. 1961 wurde Peter Mathis geboren, mit 14 begann er zu klettern, und fünf Jahre später kaufte er seinen ersten Fotoapparat. Ohne markante Brüche wandelte sich der Freizeitkletterer zum Hobbyfotografen – irgendwann war ihm das Bild wichtiger als die Tour. Was er mit der einfachen Sucherkamera dokumentierte, gefiel nicht nur den Freunden. Schon 1980 interessierte sich eine Druckerei in Dornbirn für die Fotos aus den Bergen und veröffentlichte einige davon in einem Kalender. Kontinuierlich und ohne es lange Zeit zu wissen arbeitete der angestellte Tischler an seiner beruflichen Weiterbildung. Kaufte sich die erste Spiegelreflexkamera; reiste kletternd und fotografierend durch die USA; kaufte Überblendprojektoren und hielt Diavorträge; schaffte sich bessere Kameras und Objektive an; reiste; hielt mehr Vorträge; und veröffentlichte weitere Fotos in Kalendern sowie, zunehmend, in Klettermagazinen. 1986 tauschte er endgültig das Handwerkszeug und wechselte nach seinem Selbstverständnis also von einer Innung in die nächste.

Die ersten fünf Jahre waren die schwersten. Seine Berufsauffassung half ihm, sich auf dem anderen Markt zu behaupten. »Ich bin ein Dienstleister«, sagt er noch heute. Das heißt: Ich tue mein Bestes, dem Auftraggeber das zu liefern, was er haben will. So wie er früher das gewünschte Möbel getischlert hatte, so gestaltete er eben nun die Bilder, für die er Geld bekam. Das war das Geschäft. Er fotografierte Modelle im Studio, auch wenn er viel lieber draußen gearbeitet hätte.

Heute sind die Gründerjahre Vergangenheit, und Peter Mathis kann auch mal Nein sagen, wenn ihn eine Anfrage nicht reizt. In geschlossene Räume lässt er sich nicht mehr schicken, allenfalls während der »Schubertiade« in Vorarlberg. Seit einigen Jahren dokumentiert er dieses Festival der klassischen Musik. Andere Werbeproduktionen erledigt er im Freien. Einem österreichischen Konfektionär für Sport- und Wanderbekleidung liefert er Vorlagen für den Prospekt. Um die Modelle muss er sich nicht kümmern, die Motive gibt ihm der Mann von der Werbeagentur vor. Sehr eng ist da der Spielraum für den Handwerker mit der Kamera. Aber er ist eben ein Dienstleister und kennt seinen Part.

Einmal verlangte die Vorarlberger Tourismuswerbung ein Foto von Murmeltieren auf einer Almwiese. Vier Murmeltiere, keines weniger, und sie mussten stehen. Peter Mathis fuhr viele Kilometer übers Land, bis er die geeigneten Tierpräparate eingesammelt hatte. An einem gut besuchten Parkplatz in den Bergen stellte er das Auto ab und begab sich auf die Suche nach dem besten Aufnahmeort. Während Freundin Gudrun erlebte, wie Wanderer die vier Murmeltierleichen auf der Ladefläche des Kombi entdeckten und sich über den Jäger empörten, dem eines nicht reiche ... Das beste Bild war später in dem Prospekt natürlich nicht zu sehen. Es zeigt den Fotografen gebückt hinter dem Stativ, vor dem bizarren Quartett aus Pelz und Stroh.

Lustige Arrangements von toten Tieren sind freilich nicht die Bilder, die ihm den Ruf als einer der besten Bergsportfotografen im Alpenraum eingetragen haben. Die sehen anders aus. Auf denen sieht man, zum Beispiel, eine steile, tief verschneite, schattige Bergflanke; vielleicht Rinnen und Felsrippen, die sie strukturieren; auf einem Rücken einen schmalen Streifen Licht; und auf dem Rücken einen Menschen in rasanter Bewegung – wie ein Komet, mit einem Schweif aus Myriaden glitzernder Schneekristalle hinter sich.

Mathis' Arbeitsweise ist durch und durch professionell. »Nebenbei«, auf einer schönen Berg- oder Biketour, fotografiert er nur im Urlaub. Er ist nicht der Bergvagabund mit der Kamera, der Träumer, der sich treiben lässt. Sondern er geht hinaus, um von ausgesuchten Stellen die Bilder nach Hause zu bringen, die er haben will. Dass er bisweilen die Zeit vergisst vor lauter Begeisterung, dass er lange Zeit am selben Ort ausharrt, weil dort, vielleicht, Stunden später das Licht und die Farben explodieren – das passiert Peter Mathis selten. Er versuche, sagt er, einfach zur richtigen Zeit am richtigen Ort zu sein. Einfach.

Dent du Géant, Mont-Blanc-Massiv, Frankreich

Bricht er zu einem Arbeitstag im Gebirge auf, kennen seine Begleiter ihre Rolle. Sie sind Modelle, selbst wenn sie dabei Außerordentliches leisten wie Beat Kammerlander. Viele Erstbegehungen des Vorarlberger Spitzenkletterers hat Peter Mathis mit der Kamera dokumentiert, besonders eindrucksvoll im Sommer 1993, als er Kammerlander in den ausgesetzten Platten des »Silbergeier« an der IV. Kirchlispitze im Rätikon fotografierte. Die Kletterer waren gebannt: So sah er also aus, der obere zehnte Grad im Gebirge ... 1996 erschien der Bildband »Sportklettern in den Alpen«. Mit dieser Dokumentation der alpinistischen Avantgarde legte der Kletterer, der zum Fotografen geworden war, eine eindrucksvolle Zwischenbilanz seines Schaffens vor. Im April 2000 gewann er im Rahmen des Banff Mountain Film Festivals als zweiter Europäer überhaupt in der Kategorie »Mountain Adventure«, sechs Monate später reiste er mit Alexander und Thomas Huber ins Yosemite Valley nach Kalifornien. »Golden Gate« nannten die prominenten Brüder aus dem bayerischen Chiemgau ihre spektakuläre neue Route am 1000-Meter-Brocken El Capitan, und auch Peter Mathis war zufrieden: Sieben Titelbilder und zahlreiche große Bildstrecken in Magazinen waren der Lohn für stundenlanges Hängen im Klettergurt.

Dennoch, als Bildchronist der Kletterwelt macht er seinem Tiroler Kollegen Heinz Zak keine Konkurrenz. Dafür hat er sich nach 1987 in der damals gerade entstehenden Snowboardszene eine feste Nische eingerichtet. Peter Mathis war einer der Ersten im deutschen Sprachraum, der den neuen Redaktionen professionelle Fotos lieferte. Sein Instinkt trog ihn nicht, der Boom hielt an. Mathis ist der Szene seitdem treu geblieben. Sie dankt es ihm mit Kontakten und Aufträgen. Erst im Winter 1999/2000 – Tiefschneefahren war als »Freeskiing« der neueste Schrei – begann er auch Skifahrer zu fotografieren. So oder so, seine Bilder sind Blickfänge in den einschlägigen Magazinen, wo der Pulverschnee »Powder« heißt, der abgelichtete Fahrer »Skier«, »Boarder« oder »Rider« und die Schneefahne hinter ihm »Spray«. Oft nur durch schwieriges, lawinengefährliches Gelände erreicht er die Orte (»Locations«), an denen der ungeordnete

Eric Themel, Coast Mountains, Atlin Lake, British Columbia, Kanada

Fluss der Landschaft zum Motiv gerinnt. Verlangt der Bildaufbau Distanz, wird der »Shot« besonders gründlich abgesprochen, gleichsam choreografiert. Dann verbindet das Funkgerät die Akteure vor und hinter der Kamera. Die Strecke, die der Fahrer zu nehmen hat, mag oft nur 50 Meter hoch sein und darunter in unbefahrbares Gelände übergehen; allein das Bild suggeriert die niemals endende Bewegung. Im März gewann er mit seinen Snowboardfotos den internationalen Crystal Award in der Kategorie »Lifestyle«.

Dass der »schnelle« Peter Mathis eine besondere Liebe zur »langsamen«, schwergewichtigen Großformatfotografie hegt, überrascht nur auf den ersten Blick. Wo es im Sucher keine Motive vorbeisausen sieht, kommt das Auge vor der Mattscheibe der Sinar zur Ruhe. Landschaften kann man natürlich ebenso mit der hochmotorisierten Nikon ablichten, und hält man die Bilder nebeneinander, fällt eine Gemeinsamkeit sofort ins Auge: der sorgfältige Bildaufbau. Er rührt nicht zuletzt daher, dass Mathis auch die »kleinen« Bilder in aller Regel vom Stativ belichtet. Doch dann beginnen die Unterschiede. Seine Kleinbildkamera richtet Mathis oft in die Ferne, die Fachkamera häufig in die Nähe oder eine mittlere Entfernung. Mehr noch wechselt die Lichtführung: In den Kleinbildaufnahmen herrschen oft starke Helligkeitskontraste – direkter Sonnenschein, Streiflicht, dessen Konturen das Bild entscheidend gestaltet. Die Großformataufnahmen entstehen dagegen meist bei indirekter Beleuchtung, ohne Spitzlichter und harte Schatten. Denn dies ist die wahre Domäne der Sinar: feinste Farbnuancen zu differenzieren, größtmögliche Schärfe, Tiefe und Brillanz zu schaffen, feinste Strukturen durchzuzeichnen. Peter Mathis findet seine aufregenden Motive zu Hause oder, am liebsten, in den weiten Landschaften der USA, abseits der viel besuchten Nationalparks. Keine großen Gipfel und weite Panoramen sind darunter. Stattdessen sieht man namenlose Steine und Felsen, Bäume, Bäche und Sanddünen. Und selten den Himmel darüber.

Die »langsame« Großformatfotografie ist übrigens in Wirklichkeit oft »schneller«, als es dem Mann am Stativ lieb sein kann. Wer den Sonnenaufgang im vergletscherten Gebirge oder aber in den Sanddünen erlebt hat, kennt das rasante Spiel der Farben: Innerhalb weniger Minuten wechselt die Palette im Spektrum der Regenbogenfarben – um danach für viele Stunden unter grellem Gelb und Weiß zu braten. Es sind Minuten höchster Konzentration für den Mann am Stativ: »himmlische« Action-Fotografie, ganz ohne Himmel.

Und ohne Menschen. Das ist das Dilemma des Fotografen, den andere längst in die Schubladen »Sport« und »Lifestyle« gesteckt haben. Manchmal holt er die Sinar mehrere Monate lang nicht aus dem Schrank, weil es mal wieder so viel regnet, dass er mit anderen Aufträgen in Verzug gekommen ist. Nicht allein durch schone Arbeit behauptet sich der Handwerker auf dem Markt, sondern durch Arbeit, die er danach verkauft. Peter Mathis, der »Action-Fotograf«. Der Meister der schnellen Bewegung. Im Quartett der edition Berge ist er der Ruhigste, Stillste. Große Veranstaltungen, »Events« und wogende Menschenmassen meidet er. Wer einen seiner raren Workshops besucht, erlebt ihn als einen begabten Didakt. Der nicht sich selbst inszeniert, sondern Menschen – und Landschaften, die eigentlich zu groß für sie sind.

Die Technik

Wie arbeitet Peter Mathis, der Handwerker, mit der Kamera? Wie ist ihm zum Beispiel das faszinierende Bild des Snowboarders in Japan (Seite 27) gelungen? Dieser unwiederholbare »Schuss« zwang den Fotografen zu besonderer Sorgfalt. Eine Belichtungsreihe mit Plus- und Minus-Korrekturen aufzunehmen, wäre nicht möglich gewesen; aber Mathis macht von dieser technischen Option prinzipiell keinen Gebrauch. Mit dem Handbelichtungsmesser maß er die Helligkeit der vom Flutlicht beschienenen Schneefläche und korrigierte die Einstellung an der Kamera leicht ins Plus (da weißer Schnee mehr Licht reflektiert als das so genannte »mittlere Grau«, auf das Belichtungsmesser geeicht werden). Dann stellte er die Entfernung ein, ebenfalls manuell, am Objektiv und am Blitzgerät – zur Dosierung der richtigen Menge Licht: Nur der Snowboarder sollte weiß beleuchtet werden, das Gelb von Schneefahne und Hang im Hintergrund und an der Seite dagegen erhalten bleiben. Um nicht die Atmosphäre, die Farben der Abenddämmerung zu zerstören, musste er lang belichten – eine fünfzehntel Sekunde. Das Blitzlicht synchronisierte er auf den zweiten Verschlussvorhang. Damit die wegspritzenden Schneebrocken wie kleine Sternschnuppen ihre Bahn zeichnen, ehe der Blitz sie am Ende des Aufnahmevorganges an der richtigen Stelle, nämlich vorne, »einfriert«. So weit die Technik. Dass sauberes Fotohandwerk die Betrachter immer wieder von Kunst sprechen lässt, hat er oft genug erfahren. Doch für Peter Mathis ist es in erster Linie ein gutes Bild, das ihn zufrieden stellt.

Fotoshooting für »Sportklettern in den Alpen«, mit Alex und Tom Huber in »The End of Silence«
Foto: Malte Roeper

Selbstporträt am Ausstieg des »Silbergeier«, Rätikon, Schweiz

Einige Nikon-Kleinbildgehäuse verzeichnet sein Inventar, von der alten F2 bis zur Hightech-Maschine F5, dazu die neue »kleine« Hasselblad für Panoramafotos. Zwei zerfetzte Kameras dekorieren den Diaschrank im Büro: Tausendmarkschrott, der immerhin versichert war. Peter Mathis arbeitet ausschließlich mit Originalobjektiven zwischen 15 und 600 Millimeter Brennweite. Standardobjektiv für viele Situationen ist das Profi-Telezoom 80–200/2,8 mm, mit dem er bedenkenlos auch bei offener Blende fotografiert. Das neu gekaufte Zoom 70–300 mm/4–5,6 erfüllt seine Ansprüche nur bedingt. Als Universal-Tele bei manchen anstrengenden Winterunternehmungen gut geeignet, schränkt die geringe Öffnung seine Verwendung deutlich ein. Hohe Lichtstärke bietet ihm nicht nur größeren Spielraum bei schwierigen Lichtverhältnissen, sondern auch viel mehr Möglichkeiten bei der Motivgestaltung. Die Schärfe auf nur wenige, eng begrenzte Bildebenen zu legen und den Hintergrund in Unschärfe verschwimmen zu lassen – das ist Standard in der modernen Sport- und Actionfotografie. Starke, hochgeöffnete Festbrennweiten machen es möglich.

Unter den Workshop-Teilnehmern herrscht andächtiges Schweigen, wenn Mathis sein teures, sechs Kilogramm schweres 600-Millimeter-Tele, größte Blende 4, auf dem Holzstativ fixiert. Mit Handzeichen dirigiert er seine Modelle, zwei Biker, auf einem Wiesenhügel über Straße und Häusern. Das Chaos um ihn herum – vorbeifahrende Autos, triste Architektur – blendet er aus. Der Betrachter des Bildes wird nichts davon erahnen. Viele Motive nimmt er von so banalen Standorten auf; mit der schweren Ausrüstung ist er eben nicht so mobil. Seine lichtstärkste Optik hat die Daten 50 mm/1,4. Sie ist, verglichen mit dem 600er, ebenso winzig wie federleicht. Peter Mathis benützt sie gern und oft, vor allem bei Kletterbildern im Nahbereich. Indem er damit bei größter Öffnung fotografiert, widerlegt er das Vorurteil von der »langweiligen« Normalbrennweite: Eines dieser »falschen« Tele-Fotos hat sogar schon den Sprung auf einen Magazintitel geschafft.

Aber wie gestaltet man eindrucksvolle Bergsportaufnahmen? Vor allem: Wie drückt man Geschwindigkeit auf einem unbewegten Foto aus? Wie Bewegung im Raum auf einem Streifen Film? Es ist zunächst nicht das Tempo der Akteure, das den Bildaufbau bestimmt. Bevor er Kletterer, Wanderer, Mountainbiker oder Snowboarder vor der Kamera arrangiert, hat Peter Mathis Linien erkannt, Lichtverhältnisse beurteilt und Ausschnitte abgeschätzt. Geholfen hat ihm dabei sein wichtigstes Zubehörteil. Denn um das suchende Auge zur Ruhe zu bringen, stützt er es auf drei Beine. So oft wie möglich belichtet er gerade die schnelle Aktion vom Stativ. Viel besser kann er damit die Motivkomposition überprüfen und den Hintergrund, der »spontanen« Freihandaufnahmen so oft einen Strich durch die Rechnung macht, den man (im wahren Wortsinn!) erst auf dem entwickelten Dia sieht. Den Autofocus benutzt der Action-Fotograf bei schlechten Lichtverhältnissen und bei schnell sich nähernden Objekten, sonst jedoch nicht.

Wo Bewegung, schnell oder langsam, stattfindet und wo der beste Ort ist, sie zu fotografieren: das sind die zwei Seiten einer Medaille. Immer wieder sucht Peter Mathis die Nähe zum Akteur, die er durch die Verwendung von Teleobjektiven oft zusätzlich verdichtet. Extreme Weitwinkelperspektiven wählt er im Vergleich mit anderen Bildchronisten der »Lifestyle«-Sportarten Snowboarden und Sportklettern eher selten. Er zeigt das Gebirge nicht als Fun-Park, sondern als »Steile Welt« – so der Titel seines im Jahr 2000 erschienenen Bildbands über die Alpen. Der Mensch erfährt in den Bergen Höhe, Tiefe und Ausgesetztheit; dies zu zeigen, richtet Peter Mathis seine Objektive frontal oder von der Seite auf riesige Flanken und Wände, in denen Kletterer und Snowboarder sich fast verlieren. Und er verstärkt die Wirkung, indem er dem Auge weder Himmel noch Horizont gönnt. Maßstab und Maßlosigkeit: Wer die Fotos betrachtet, erkennt die Ungeheuerlichkeit der Worte: Es geht.

Durch den Sucher der Kleinbildkamera betrachtet er Höhenunterschiede und wie der Mensch damit spielt. Die Fotos, die er mit der Fachkamera belichtet, zeigen eine andere Welt. Mit dem Gerät wechselt Peter Mathis die Motive, doch es ist auch das Werkzeug, das ihn fasziniert: »Damit fängt Fotografie erst an. Alles andere ist Knipsen.« Sagt er und holt aus der Schublade die Sinar mit den drei Objektiven. Sie wiegt je nach Ausstattung um die 15 Kilo, das große Holzstativ dazu noch einmal fünf Kilo. Vor jeder Aufnahme muss die Kamera zusammengesetzt, aufgebaut und aufwändig eingestellt werden. Doch nicht nur die Komplexität des Aufnahmevorgangs unterscheidet Großformat- und Kleinbildfotografie grundlegend voneinander. »Ich kann kaum mit beiden Kameraformaten parallel arbeiten«, sagt Peter Mathis. Die technischen Eigenschaften der Fachkamera mit ihren so vielfältigen Verstellmöglichkeiten bieten ihm einige gewaltige Vorteile bei der Landschaftsfotografie, sie zwingen ihn aber auch, abgesehen von Unbeweglichkeit und Langsamkeit, zu markanten Einschränkungen bei der Motivauswahl. Manches hervorragende »Kleinbildmotiv« könnte er mit der Sinar gar nicht fotografieren. Der umgekehrte Fall ist jedoch weit häufiger: wenn es um größte Tiefe, Schärfe und Brillanz geht. Da spielt der sperrige Apparat seine Vorteile aus, und der bekennende »Schärfefanatiker« Peter Mathis freut sich über die gleichsam gestanzten Strukturen von vorne links bis hinten rechts.

Dabei kommt der Präsentation besondere Bedeutung zu. Peter Mathis hat die edelste – und teuerste – Option gewählt. 1999 präsentierte er staunenden Galerie-besuchern in Zürich und Feldkirch eine Auswahl von drei Dutzend Motiven in den Formaten 38 x 56, 56 x 76 und 76 x 96 Zentimeter. Die Diapositive (gut 10 x 12 Zentimeter) ließ er mit hoher Auflösung einscannen und auf dem Computerbildschirm weiter bearbeiten. Penibel stimmte er mit dem Grafiker Kontraste und Farben ab, ganz nah an der Vorlage. Doch die unterschiedlichen Eigenschaften der beiden Medien Fotografie und Druck zwangen ihn Entscheidungen zu treffen, zu korrigieren, um das Ergebnis als ein eigenständiges Original nach seinen Vorstellungen zu vervollkommnen. Im Giclée-Kunstdruckverfahren wurden die Motive schließlich auf Aquarell- oder Büttenpapier reproduziert. Jeweils 25 nummerierte Vergrößerungen ließ er von den Aufnahmen drucken. Die Kosten sind hoch, die Verkaufserlöse sollten höher sein. Sein Brot verdient er nicht mit dieser, sagen wir es: Kunst. Aber davon lassen kann er auch nicht – von dem Handwerk jenseits der »Dienstleistung«.

Beat Kammerlander in der dritten Seillänge seiner Route »Silbergeier«, Grad 10–, IV. Kirchlispitze, Rätikon, Schweiz

The Minarets, Sierra Nevada, Kalifornien, USA

Am Zwölferkofel, Dolomiten, Italien

TELEOBJEKTIVE

Das Teleobjektiv ist kein Fernglas. Mit ihm kann man, nein: man muss gestalten. Eine Möglichkeit ist es, die verschiedenen Bildebenen zu verdichten, eine andere besteht darin, gezielt mit Schärfe und Unschärfe zu arbeiten.

Je länger die Brennweite ist, desto schmaler wird die scharf abgebildete Bildebene (Tiefenschärfe). Besonders bei einem bewegten Motiv muss ich darum ebenso schnell wie genau fokussieren. Dies hatte bis vor wenigen Jahren noch mit der Hand zu geschehen. Mit modernen Autofocus-Kameras und den entsprechenden Objektiven kann ich heute Reihensequenzen von einem mit voller Geschwindigkeit auf den Fotografen zurasenden Skifahrer fotografieren – acht Bilder pro Sekunde, und jedes davon zeichnet den Skifahrer scharf. Mit manuell fokussierten Objektiven wäre das schier unmöglich.

Auch in der Landschaftsfotografie ist das Teleobjektiv unentbehrlich. Bei der Arbeit mit dem Teleobjektiv sollte unbedingt ein Stativ verwendet werden, um das Bild nicht zu verwackeln. Für Freihandaufnahmen besagt die Faustregel: Brennweite des Objektivs in Millimeter kleiner/gleich Belichtungszeit (also z. B. bei einem 250-mm-Tele nicht länger als 1/250 Sekunde). Aber auch in diesem Bereich sind die Kamerahersteller nicht untätig geblieben. Heute rüsten sie manche Objektive mit »Image Stabilizer« oder »Vibration Reduction« aus. Damit kann ich auch bei 300 Millimeter Brennweite mit 1/30 Sekunde aus der Hand fotografieren und trotzdem absolute Schärfe erzielen. *Peter Mathis*

◄ *Blue Bird, Rocky Mountains National Park, Colorado, USA*

Konny Mathis und Hanno Schluge, »Headless Children«, Scheienfluh, Rätikon, Schweiz

Beat Kammerlander beim Bouldern über dem Wasser des Merced River, Yosemite National Park, Kalifornien, USA

Malte Roeper und Hanno Schluge, »Voyage selon Gulliver«, 7a, Grand-Capucin-Ostwand, Mont-Blanc-Massiv, Frankreich

El Capitan vom Taft Point

Thomas Huber in »Razor Blade«, 5.11d, Golden Gate, El Capitan, Yosemite National Park, Kalifornien, USA

Alexander und Thomas Huber in »Golden Eagle«, 5.11d, Golden Gate, El Capitan, Yosemite National Park, Kalifornien, USA

Peter Schäffler, »Microchip«, 9–, Löwenzähne,
Vorarlberg, Österreich

Nando Plötzeneder, Rusutsu,
Hokkaido, Japan

The Books vom Thomson Pass, Chugach Mountains, Alaska, USA

Peter Bauer, »Stained Blood«, ►
Chugach Mountains, Alaska, USA

Aktionsfotografie

Als Aktionsfotograf habe ich mehrere Möglichkeiten, den Akteur vor der Kamera in Szene zu setzen. Ich kann dem Betrachter zeigen, wo die Aktion stattfindet. Kleiner Mensch – großer Berg: Aus der Ferne betrachtet wird das Umfeld, werden die Dimensionen der Landschaft auf dem Bild deutlich.

Einen ganz anderen Reiz haben so genannte »Close up's«. Hier gehe ich nicht auf Distanz, sondern ich suche im Gegenteil die größtmögliche Nähe zum Akteur, und ich achte auf seinen Gesichtsausdruck: Anstrengung und höchste Konzentration können sich darin spiegeln, aber auch Glück und Begeisterung.

Für den »Close up« wähle ich oft aufgeblendete Teleobjektive, weil dadurch der Hintergrund in Unschärfe verschwimmt und sich das Objekt – der Sportler, vielleicht auch nur sein Gesicht oder seine Hand am Fels – so besser abhebt.

Die besondere Herausforderung der Aktionsfotografie ist es, Geschwindigkeit in einem unbewegten Bild festzuhalten. Es ist ein großer Unterschied, ob ich gemütliche Wanderer, oder aber Snowboarder fotografiere, die sehr schnell durch den Tiefschnee gleiten. Beim Wanderer werde ich mit 1/250 Sekunde das Auslangen finden; beim Snowboarder hingegen benötige ich mindestens 1/1000 Sekunde Belichtungszeit, um das Motiv scharf auf den Film zu bannen – wenn ich dies will. In bestimmten Situationen (oft bei schlechten Lichtverhältnissen) wähle ich ganz bewusst lange Verschlusszeiten, um so Bewegungsunschärfen zu erhalten.

Peter Mathis

◄ *Stian Hagen, Eisturm, Sulden am Ortler, Südtirol, Italien*

Jon Orarback, Sulden am Ortler, Südtirol, Italien

Hohe Kugel, Vorarlberg, Österreich

Tommy Brunner, Erzberg, Zürs am Arlberg, Österreich ►

»Cosmic Balance«, Colorado Plateau, Utah, USA

GROSSFORMAT

Die Großformatfotografie stellt höchste handwerkliche Ansprüche an den Fotografen. Wer sich der Herausforderung stellen möchte, hat die Wahl zwischen zwei Arten von Kameras: Laufbodenkameras und Fachkameras.
Die Laufbodenkamera kann zusammengeklappt werden. Sie ist wesentlich kleiner und leichter zu transportieren als die Fachkamera. Die Fachkamera findet eher Anwendung im Studio und in der Architekturfotografie, da sie die größeren Verstellmöglichkeiten bietet.
Großformat fängt bei 4 x 5 Inch (ca. 10 x 12 Zentimeter) an und kann sogar über 11 x 14 Inch (ca. 27 x 35 Zentimeter) hinausgehen. So groß sind die Diapositive! Der Vorteil gegenüber dem Kleinbildfilm liegt auf der Hand: Vergrößerungen von Großformatvorlagen sind von weitaus höherer Qualität. Dem stehen allerdings beträchtliche Nachteile entgegen. Der Großformatfotograf hat an seiner Ausrüstung viel schwerer zu tragen, und er benötigt wesentlich mehr Zeit, um alle Einstellungen vorzunehmen und ein einziges Bild zu gestalten. Dazu kommt, dass ihn ein einziges Bild so viel kostet wie ein ganzer Kleinbildfilm. Der Umgang mit dem sperrigen Apparat will sorgfältig erlernt werden. Um mit einer Kleinbildkamera große Tiefenschärfe zu erzielen, genügt es, einfach eine kleine Blende einzustellen. Bei der Großformatkamera muss dagegen ein Schärfeausgleich vorgenommen werden. Das heißt, Bild-, Objektiv- und Gegenstandsebene sind so zu verstellen, dass sie sich auf einer gemeinsamen Geraden schneiden. Um diese Aufnahmetechnik wirklich zu beherrschen, ist genaueste und umfangreiche Information nötig – und viel Praxis.
Natürlich ist das Fotografieren mit der Großformatkamera unverhältnismäßig aufwändig und teurer. Dafür bestechen die gelungenen Ergebnisse umso mehr.

Peter Mathis

Midway Summit, Utah, USA

»Wasserwald«, Merced River, Yosemite National Park, Kalifornien, USA

Buckskin Gulch, Paria Wilderness, Utah, USA

Coyote, Rocky Mountains National Park,
Colorado, USA

Bisons, Yellowstone National Park,
Wyoming, USA

Elch, Grand Teton National Park,
Wyoming, USA

Mammoth Hot Springs, Yellowstone National Park, ►
Wyoming, USA

»Eisrinde«, Crater Lake National Park,
Oregon, USA

Buntes Herbstlaub in der Sierra Nevada,
Kalifornien, USA

Rappenlochschlucht,
Vorarlberg, Österreich

Lower Antelope Canyon, Arizona, USA ►

»Pyramid«, Death Valley National Monument,
Kalifornien, USA

»Spotlight«, Death Valley National Monument, Kalifornien, USA

Ihr Traum vom Glück?
Mit Ela bis ans Lebensende glücklich sein.

Was bedeutet Luxus für Sie?
Eine heiße Badewanne nach einer kalten Skitour.

Worüber ärgern Sie sich?
Über falsche Wetterberichte.

Worauf möchten Sie nicht verzichten?
Die Freiheit zu gehen, wohin ich will.

Was bereitet Ihnen einen kulinarischen Genuss?
Eine bayerische Brotzeit mit Butterbreze.

Ihre Lieblingsfarbe?
Gelb/Orange.

Ihr Lieblingsmaler?
Gauguin.

Welches Gemälde würden Sie gern besitzen?
Sein und Werden (Gerbert Ennemoser).

Ein Musikstück, mit dem Sie leben?
Riders on the Storm (Doors).

Ihre Lieblings-CDs?
Tubular Bells (Mike Oldfield), The Dance (Fleetwood Mac).

Ihre Lieblingsfilme?
Apocalypse Now, Leben des Brian, Das Boot – und andere.

Wen hätten Sie gern gekannt?
Tom.

Ihre Lieblingsbücher?
Eine Frau erlebt die Polarnacht (Christiane Ritter), Sturz ins Leere (Joe Simpson), Workers (Sebastiao Salgado).

Ihr Lieblingsgebäude?
Leh Gompa und Tsemo Gompa oberhalb von Leh/Ladakh.

Die schönste Landschaft, die Ihnen vor die Linse gekommen ist?
Ladakh (Indien).

Ein alpinistisches Ziel für die nächsten Jahre?
Die Westrippe des Cholatse (Nepal).

Welche Jahreszeit mögen Sie am liebsten?
Winter.

Sie gehen auf Reisen: ein Jahr lang rund um die Welt. Sie dürfen nur eine Kamera mit einem Objektiv (Festbrennweite) mitnehmen. Ihre Wahl?
Canon EOS 1V mit EF 2,8/20 mm.

Ihr größtes Vorbild als Fotograf?
Art Wolfe.

Welches berühmte Foto hätten Sie gern aufgenommen?
»Gold«/Serra Pelada (Salgado).

Welche natürliche Gabe möchten Sie besitzen?
Ruhe finden.

Was möchten Sie noch lernen?
Klavier spielen und Aikido.

Was macht Ihnen Mut?
Die Zuversicht meiner Frau.

Ihre liebste Gewohnheit?
Die »heute«-Nachrichten um 19 Uhr schauen mit einem heißen Kakao in der Hand.

Ihr Lebensmotto?
Leben ist Bewegung – Stillstand ist Tod.

Ihr Lieblingsbild?
Abstieg am Westgrat des Mount Hunter, Alaska (USA).

Bernd Ritschel
Die professionelle Vielseitigkeit

Auf den Diarahmen hat er seinen Namen und die Adresse hingestempelt. Und einen Zusatz, »Unmanipuliertes Original«. Stolz und nicht ohne unterschwelligen Vorwurf steht das da. Der Betrachter soll wissen: was er sieht, ist das belichtete Stück Film, wie es der Fotograf aus der Kamera genommen und nach der Entwicklung in das Diarähmchen gesteckt hat. Mögen andere vorher oder nachher daran herumtricksen, er tut es nicht, und er sagt es allen. Mit anderen Worten: Selbstverständlich ist es nicht, wie er arbeitet.

Aber natürlich manipuliert Bernd Ritschel seine Motive, so wie es jeder Fotograf tut, im Moment der Aufnahme. »Es gibt eigentlich kein Original in der Fotografie. Du bist das Original.« Dieses Zitat von Ernst Haas (1921–1986), dem großen Visionär und Pionier der modernen Farbfotografie, müsste auf jedem Diarähmchen Platz finden. Doch wenn Bernd Ritschel jene andere Formulierung wählt, macht er das aus gutem Grund. Neben dem Bildausschnitt und der Perspektive ist es vor allem die Farbe, die viele seiner »Originale« fast unnatürlich aussehen lässt – eben wie manipuliert. Tatsächlich erlaubt sich der Fotograf keinerlei Verfremdungen durch Effektfilter; allein den Polfilter setzt er sehr gezielt ein, nicht jedoch mit maximaler Wirkung.

Seine Vorliebe für die immer neuen, immer anderen Farben von Himmel, Sonne, Mond und Sternen verrät der Titel des großen, teuren Bildbands, in dem der Autodidakt 1992 die Summe seines frühen Schaffens präsentierte: »Berge im Licht«. Unermüdlich war er dafür mit Kameras und Objektiven durch die Gebirge der Welt gezogen, bei jedem Wetter, sommers wie winters, zusammen mit einem stabilen Stativ, warmer Bekleidung und sperriger Biwakausrüstung. So waren die beeindruckenden Stimmungsaufnahmen entstanden. Was der Betrachter als Lichtspuk oder atmosphärischen Hokuspokus empfindet, hat der Fotograf oft hart erarbeitet, oder sagen wir: freudig erlitten.

Glücklich, wer dieses Leben zwischen Professionalität und Begeisterung führen darf. Wer es sich leisten kann, über seinen Beruf zu sagen: »Ich stehe gern auf hohen Bergen und schaue runter.« Davon allein könnte er natürlich nicht leben. Bernd Ritschel bereitet sich auf seine fotografische Arbeit intensiv vor. Er übernimmt Aufträge, die ihn mal mehr reizen und mal weniger. Und er setzt ungeachtet persönlicher Vorlieben sein ganzes Können und seine ganze Erfahrung ein, um die Bilder abzuliefern, die der Auftraggeber von ihm verlangt – egal ob er die Kamera dafür auf dem Gipfel auspacken muss oder, weit häufiger, darunter.

1963 wurde er im oberbayerischen Wolfratshausen, in Sichtweite der Berge, geboren. Mit 14 Jahren begann er schwere Routen zu klettern, und als er 20 wurde, waren viele extreme Routen in den Westalpen bereits Erinnerung. 1981 bestieg er in Peru die ersten 6000er, ein Jahr später stand er auf dem Satopanth, 7075 Meter hoch. Aber Reisen sind teuer, und der Maschinenbaulehrling hatte nicht viel Geld. Da tauschte Bernd Ritschel das Werkzeug. Mit der Kamera dokumentierte er seine ersten Expeditionen, hielt, wieder zurück, Diavorträge und lieferte den Firmen, die ihn mit Ausrüstung versorgt hatten, schöne Produktfotos ab. Die Sponsoren waren zufrieden, und Ritschel hatte neue Vorstellungen vom zukünftigen Erwerbsleben. Ein Jahr lang assistierte er in München einem Standfotografen des ZDF. Er lernte das Handwerk der Schwarzweißfotografie, er lernte, sich Menschen mit der Kamera zu nähern. Er lernte auch, wie er auf keinen

Fall arbeiten wollte: eingebunden in einen riesigen, starren Produktionsapparat. Ohne Rückendeckung, mit 1400 Mark Startkapital, die er nach Abschluss des Zivildienstes erhielt, mit einer alten Canon F1 und wenigen Objektiven wurde er 1988 Berufsfotograf, und nur seiner unerschütterlichen Gewissheit, genau das Richtige zu machen, verdankte er das Durchhalten während der nächsten Jahre. Energie und angeborener Optimismus verhalfen der zweiten Lehrzeit – ohne Meister, aber auch ohne anerkannten Abschluss – zum Erfolg. Geschenkt wurde ihm nichts. Er machte Fehler, ließ sich nicht entmutigen und lernte, unter größtem Druck lange Motivlisten abzuarbeiten. Ein Blick zurück ins Jahr 1994. Er hat es geschafft, das Geschäft brummt: Bernd Ritschel jettet für verschiedene Aufträge rund um den Globus: Venezuela, Indien, China; dazwischen immer wieder Produktionen in den Alpen. Weniger als 120 Tage ist er zu Hause, an einem davon heiratet er seine Frau Manuela. Die einwöchige Hochzeitsreise auf Fuerteventura verschläft er regelrecht. Wieder zu Hause, lohnt es sich kaum, die Koffer auszupacken. Der nächste Redaktionsschluss ist rot im Kalender angestrichen. Profi ist, wer jetzt nicht den Kopf verliert. Fleiß und Disziplin, weiß Bernd Ritschel, sind in seinem Geschäft keine Sekundärtugenden. Seine Produktionen – Werbung, Produkte, Reisen, Reportagen – bereitet er schon zu Hause gründlich vor: Er studiert die relevante Literatur, schreibt Themenlisten, bestimmt mit Hilfe von Karten die günstigsten Standorte und schätzt Beleuchtungswinkel ab. Der Rest ist Hoffen und Spontanität. Falls Wolken und Regen oder unvorhergesehene Umstände den genau geplanten »Schuss« verderben und der Rückflug am nächsten Tag nicht verschoben werden kann. Offen sein für Situationen, auf die kein Reiseführer und kein Wetterbericht vorbereiten, ohne Scheu auf die Menschen zugehen: Es sind diese schwer erlernbaren Fähigkeiten, die gute von sehr guten Fotografen unterscheiden. Und die den »Bergfotografen« Bernd Ritschel zum Reportagefotografen prädestinieren. »Berge im Licht«, all die Panoramen und Sonnenaufgänge, die er stellvertretend für die sehnsuchtsvolle, biwakscheue Mehrheit ablichtet, sind nicht der wichtigste Teil seines Schaffens. Der Ritschel-Stil, kann man sagen, zeigt sich am besten in der Nähe, im Herangehen an die Menschen – am liebsten mit Weitwinkelobjektiven –, im oftmals tiefen Aufnahmestandpunkt, im Aufhellblitzen bei Tageslicht. Nicht allein die großen Naturfotografen wie Ernst Haas, Galen Rowell und Art Wolfe bewundert er, sondern auch Männer wie Sebastiao Salgado und James Nachtwey, die Besten im Fach der künstlerischen Schwarzweißreportage aus den Krisengebieten der Erde. »Ich wollte Kriegsfotograf werden«, erinnert sich der Bergfotograf an seine Anfänge im Metier. Schon

Bernd Ritschel im Fotofieber, hier am Jochberg, Bayerische Alpen, Deutschland

Kurz vor Mitternacht steigen wir nach einem langen Gipfeltag am Westgrat des Mount Hunter, Alaska, USA, ab. Trotz unglaublich schöner Lichtstimmungen machte ich aufgrund meiner Erschöpfung nur wenige Aufnahmen. Nicht zuletzt deswegen sind sie heute sehr wertvoll für mich.

bei den ersten Reisen nach Asien nahm er nicht nur hohe Berge und müde Alpinisten auf, sondern er fotografierte daneben Schwarzweiß-Reportagen über den Kaschmirkonflikt oder über Kinderarbeit in Indien. Von den Bildern ist er nach wie vor überzeugt, bis heute hat er sie aber keiner Redaktion angeboten.

Stattdessen verdient Bernd Ritschel also sein Geld mit Bildern vom »schönen« Leben: mit Reisereportagen, mit Werbung für Bergsportprodukte und Fremdenverkehrsregionen, mit prächtigen Bildbänden. Nach seinen Diavorträgen schaut er in begeisterte Gesichter, und weil ihn so viele Besucher schon gefragt haben, wie seine unmanipulierten Dias entstanden sind, hat er 1998 ein Lehrbuch geschrieben, das sich hervorragend verkauft. Seit 1996 gibt der Autodidakt mit dem didaktischen Talent sein Wissen auch in Workshops weiter. Hier erlebt er Freud und Leid der Hobbyfotografie ganz unmittelbar. Oft sind es nicht die hochgerüsteten Fotoclub-Mitglieder, die dabei die besten Bilder machen. Wie auch mit billigen Kameras gute Aufnahmen entstehen können, beweisen ihm auffällig viele Frauen: »Sie haben oft einen besseren Blick fürs Motiv!« Zunehmende Hilflosigkeit im Umgang mit dem immer komplizierteren Gerät ist ein weiteres Problem. Viele Kamerabesitzer stecken beim Studium der buchdicken Betriebsanleitungen gleich auf und nutzen Automatikprogramme, deren Funktionsweise ihnen ein völliges Rätsel bleibt. Das Wissen um die grundlegenden Zusammenhänge von Zeit und Blende nimmt ab. Auf der anderen Seite stehen hoch engagierte und fachkundige Amateure, deren Ehrgeiz wahrhaft »unprofessionell« erscheint, da er Gedanken an Kosten und Effizienz stolz von sich weist; sie verfügen über ein beachtliches handwerkliches Können und fotografieren nicht selten auf sehr hohem Niveau.

Annapurna II, 7937 m, Nepal

Immer stärker beschäftigt ein neues Thema die Teilnehmer an den Workshops. Weil er dem nicht auskommt, hat sich Bernd Ritschel Anfang 2001 eine moderne Digitalkamera zugelegt, aus professionellem Pflichtgefühl sozusagen, um die Technik kennen zu lernen und um die Fragen im Kurs kompetent beantworten zu können. Mehr Freude macht ihm jedoch seine zweite Kleinbildausrüstung, die er kurz davor angeschafft hatte: zwei Contax-Gehäuse mit guten und teuren Zeiss-Objektiven ohne Autofokus für die klassische Landschaftsfotografie im Gebirge. Damit werde er auch in zehn Jahren noch fotografieren, sagt er. Auf Fuji Velvia, der hohen Auflösung wegen, die er bei Digitalkameras noch vermisst. Dass die »edlen« Printmedien – Bücher, Kalender und Magazine – schon in naher Zukunft vom Pixelsturm fortgeweht werden, glaubt der Fotoprofi nicht. Stattdessen setzt er auf einen »Retro-Trend«, auf die Renaissance der klassischen Fotografie. Oder wenigstens auf ihr Überleben in der gepflegten Nische.

Bernd Ritschel spielt mit hohem Einsatz. Sein Gerätepark umfasst neun Kleinbildgehäuse mit mehr als 30 Objektiven und eine 6-x-7-Ausstattung mit drei Objektiven. Dazu kommen mehrere Kisten Zubehör, drei PCs und diverse Büroeinrichtungen. Das Startkapital hat sich in zwölf Jahren vervielfacht. Manuela steht ihrem Mann auch im Beruf zur Seite, vollzeit. Sie organisiert Vorträge und Workshops, entwirft Layouts und erledigt die Buchhaltung. Als sie es zu zweit nicht mehr schafften, stellten sie 2000 eine zusätzliche Bürohilfe ein. Die Betriebsausgaben des Unternehmerpaares summieren sich pro Jahr auf eine Viertelmillion Mark. Wie geht es weiter? »Ich will nie so weit kommen, dass die Fotografie zum reinen Broterwerb wird«, sagt Bernd Ritschel. Und: »Was ich in zehn Jahren machen werde, steht in den Sternen.« Vielleicht kehrt er ja zu seinen fotografischen Wurzeln zurück, zur klassischen, seinetwegen auch »harten« Bildberichterstattung. Vielleicht wechselt er zum zweiten Mal in seinem Leben die Instrumente, nimmt Schreinerwerkzeug und Gartengerät in die Hand und baut an einem schönen Ort – »vielleicht im chilenischen Seengebiet« – eine Hütte. Vielleicht wird er aber auch einfach wieder mehr ins Gebirge gehen, ohne Kamera. Denn immer noch nimmt ihn das Bergsteigen in allen seinen Ausformungen gefangen, vom Sportklettern, Wandern und Trekken über das Skitourengehen bis hin zum Eisklettern. Die Begeisterung für das Biwak auf einem hohen Gipfel ist ungebrochen. Und der Blick hinab hat durch die jahrelange Fesselung im Ausschnitt des Suchers keinen Schaden erlitten, im Gegenteil. Zugenommen hat allerdings auch eine andere Empfindung, eine Wahrnehmung von Grenzen, wo früher keine gewesen sind oder wo sie nicht störten. Das himmlische Spiel der Farben abzulichten, unterliegt den ganz irdischen Gesetzen des Wetters und der Schwerkraft. Den Geboten von warmer Bekleidung, Schlafsack, Iso-Matte, Kocher und Verpflegung. Dem Diktat des Rucksacks. Auch wenn es bisher eher lustig klingt, wenn der Noch-nicht-40er sagt: »Ich bin nicht mehr 20.«

Über die Kriege und Krisen der Welt hatte er einmal berichten wollen. Doch dann hat ihn das Leben an die Berge gefesselt, und er hat sich nicht ernsthaft dagegen gewehrt. Gern hockt er weiter im Biwaksack über den Gipfelheeren, »in Lichtgewittern« sozusagen, im Feuer der Strahlen, ausgeliefert den lautlosen Explosionen der Farben, gefangen zwischen Türmen und Zinnen, Mauern und Gräben. Friede, will man das so nennen, ist auch ein Schicksal.

Die Technik

»Wenn der Markt neue Geräte anbietet, dann möchte ich sie auch ausprobieren!« Und das tut er. Bernd

Ritschel besitzt alles, was gut und seiner Art der Fotografie dienlich ist: die Kameras mit dem schnellsten Autofokus, den besten Blitzbelichtungssystemen, den raffiniertesten Objektiven (mit Ultraschallmotoren und Bildstabilisatoren). Dazu noch eine feine Mittelformat-Ausrüstung. Nicht nur das Bild ist ihm wichtig, sondern der Vorgang des Fotografierens, der Umgang mit einem schönen Werkzeug, die geschmeidige Bewegung von Entfernungs- und Blendenringen.

Bernd Ritschel sieht im Sucher der Kamera gern sehr viel – oder sehr wenig. Die Standard-Brennweite? In seinem Lehrbuch schreibt er: »Irgendwo in den Tiefen meines Ausrüstungsschrankes schlummert noch immer ein Normalobjektiv mit 50 Millimeter Brennweite.« Noch nie hat er es in den Bergen benutzt. Die meisten seiner Bilder, die in Büchern, Zeitschriften und Kalendern veröffentlicht werden, sind Weitwinkelaufnahmen. Das Zoom 17–35 Millimeter ist sein Standardobjektiv für Wander- und Kletterbilder, aber auch für viele Landschaftsaufnahmen. Oft dreht er den Brennweitenring Richtung Anschlag, nach unten, und geht ganz nah ran an den Vordergrund: an die Blumen, an den Bergschuh, an den Ski. Auch wenn die dabei entstandenen Aufnahmen mit ihrer großen Tiefenschärfe eine ungeheure Dynamik ausdrücken, hat sie der Fotograf zumeist vom Stativ aufgenommen – ebenso wie natürlich alle klassischen Makroaufnahmen, etwa von Blumen, Tieren und Steinen. Diesen Motiven rückt er im Gelände selten mit einem speziellen Makroobjektiv, sondern viel häufiger mit einer »getunten« Standardausrüstung nahe, die im gewöhnlichen Einstellbereich bis Unendlich viel besser zu verwenden ist. Der Schneckengang eines Makroobjektivs überbrückt den Bereich zwischen zwei Metern und Unendlich nämlich auf viel kürzerem Weg als eine »normale« Optik, die durch den längeren Einstellweg viel genauer und komfortabler scharf zu stellen ist. Ritschel empfiehlt für unterwegs die Verwendung von Zwischenringen in unterschiedlichen Stärken, die einzeln oder hintereinander gekoppelt zwischen Gehäuse und Objektiv eingesetzt werden. Da diese Geräte keine optischen Elemente enthalten und allein den Auszug des Objektivs verlängern, beeinträchtigen sie nicht deren Abbildungsqualität. Zu Nahlinsen und Umkehrringen greift er dagegen fast nie. Mit Autofokus die nahe, kleine Welt zu durchmessen, ist in den meisten Fällen unsinnig. Bernd Ritschel hebt darüber hinaus die sinnliche Qualität des Fotografierens hervor, er schwärmt davon, wie aufregend es sei, die langsame und oft so überraschende Verlagerung der hauchdünnen Schärfeebene im Sucher zu verfolgen und mit dem Motiv gleichsam zu spielen. Den Autofokus hat er immerhin ein Mal im Nahbereich verwendet, als er, dergestalt in blühender Wiese »spielend«, mit leisem Zischen von einer fotogenen Schlange überrascht worden ist ... Auch wenn es darum geht, Schmetterlinge zu »jagen«, vertraut er sich der schnell reagierenden Automatik an – und dem aufgesetzten Blitzgerät. Meist eine Blendenstufe nach unten korrigiert, hilft es entscheidend, die nervös flatternden Modelle in voller Schönheit »einzufrieren«. Bei treuen Blumen verwendet er den Blitz oft »entfesselt«, am kurzen Kabel seitlich gehalten, in der Regel packt er aber ein ebenso simples wie effektvolles Utensil aus dem Rucksack: die federleichte Aufhellfolie. Vor allem die golden bedampfte Seite reflektiert warmes Licht in kalte Schattenpartien.

Spätestens jetzt wird es der Leser gemerkt haben: Aus freier Hand entsteht kaum je ein gutes Foto. Hat er ein mögliches Motiv in der Nähe erspäht, umkreist

Zsigmondyspitze, Zillertaler Alpen, Tirol, Österreich

Bernd Ritschel es zunächst, um Bildaufbau und Lichtverhältnisse zu prüfen. Dann stellt er das Stativ auf. Das Schema ist immer dasselbe, jeder Handgriff längst Routine. Auch dann, wenn er bei seinen wenigen »echten« Makroaufnahmen mit umgekehrter Mittelsäule, die Kamera auf dem Kopf, arbeitet. Das Bild entsteht in Sekundenbruchteilen, wie viele Minuten oder sogar Stunden der Fotograf davor zugebracht hat, können selbst Berufskollegen oft nicht erahnen. Gleich ob nah oder fern, ehe Ritschel am Ende auf den Auslöser drückt, betätigt er jene einfache Vorrichtung, über die skandalös wenige der hochgezüchteten, mit Elektronik vollgestopften Kameras von heute verfügen: die Spiegelvorauslösung. Denn vibriert die Kamera nach dem Hochklappen des Spiegels, nützt das beste Stativ nichts – das Bild verwackelt. Gut geeignet sind neben allen mechanischen auch elektronische Systeme, die den Verschluss deutlich verzögert nach der Spiegelauslösung öffnen (Selbstauslöser mit zwei Sekunden Vorlauf). Während der Aufnahme hält der Fotograf das Sucherokular mit der Hand zu oder betätigt den Okularverschluss der Kamera; somit verhindert er, dass störendes Streulicht einfällt und den Filmrand mit einer Strahlenbordüre verunziert.

Es heißt eine ganze Menge Aufwand treiben für ein gutes Bild. Bernd Ritschel weiß jedoch, dass die Mühe sich lohnt. Darum verwendet er so viel Sorgfalt nicht allein auf den Spezialfall Makrofotografie. Der Vorgang der Aufnahme folgt in der Regel demselben Schema – gleich ob er die ganz große oder eben die ganz kleine Natur ablichtet. »Landschaftsfotografie ist nur ein Hobby«, sagt er; und für das Hobby nimmt er sich viel Zeit. Die Bilder, mit denen er wirklich sein Geld verdient, zeigen vor den Bergen die Menschen: beim Leben und Arbeiten wie beim Sporttreiben. In den aufwändigen Produktionen für Reisemagazine, Bergsportindustrie und Tourismusverbände ist Bernd Ritschel der Reportagefotograf, der er immer sein wollte. Spontan, ohne Scheu (und gerne ohne Stativ) nähert er sich den Menschen, die Kamera am Auge, das Weitwinkelobjektiv an der Kamera. Er stürzt sich ins Gewühl exotischer Märkte, und er freut sich am intimen Porträt. »Respekt, Zeit und ein Lächeln« heißt das Erfolgsrezept für gelungene Reisereportagen, das er in seinem Lehrbuch niederschrieb. Man kann es auch so sagen: Wird der Betrachter später auf dem Bild den Fremden sehen, das Objekt, so begegnet der Fotograf bei der Aufnahme einem Subjekt – mit einem Namen, einer Geschichte und einer Menschenwürde.

Bernd Ritschel belichtet etwa 1500 Kleinbildfilme im Jahr. Das sind etwas mehr als vier Filme pro Tag. Vor schönen Motiven lässt er den Verschluss heiß laufen – gute Duplikate kosten ein Vielfaches des Originals und werden dennoch mit Qualitätseinbußen erkauft. Gern nutzt er auch die Option der Belichtungsreihe: »Oft weiß ich gar nicht, welche Belichtung mir am besten gefällt. Manchmal will ich auch nur Spielraum haben und nehme zum Beispiel das dunklere Bild für den Diavortrag, das hellere für die Reproduktion.« Filme sind das billigste Arbeitsmittel, daran spart er nicht. Der Velvia (50 ASA) ist für den Fuji-Fotografen wie für viele seiner Kollegen die erste Wahl, wenn er die Kamera auf Landschaften richtet. Vor allem für Reportagen verwendet er dagegen meistens den Standardfilm Sensia (100 ASA).

Doch wie lange darf sich der fotografierende Mensch, Profi oder Amateur, überhaupt noch den Kopf zerbrechen über unterschiedliche Filmemulsionen? Ist nicht in den letzten Jahren ein ganz neuer Wortschatz eingezogen in die Diskussionen und Fachsimpeleien? Und muss sich nicht verloren vorkommen, wer nichts weiß von Byte und Bit, von JPEG und TIFF, von ppi und dpi? Bernd Ritschel hat sich dieser Herausforderung gestellt. Weder schroffe Ablehnung noch Euphorie bestimmen seine Haltung gegenüber der neuen Technik. Landschaften und Reportagen fotografiert er weiterhin analog. Immer mehr Fotos digitalisiert er jedoch für das elektronische Archiv. Wo es bestimmte Aufträge erfordern, lässt er die Dias mit hoher Auflösung einscannen und speichert die Feindaten auf CD.

Die eigene Digitalkamera verwendet er im Büro, für Präsentationen, Dokumentationen und für Werbung in eigener Sache. Längst hat er ihre Qualitäten schätzen gelernt: Wer auf Filme, Entwicklung und Scans verzichten kann, spart damit Zeit und Geld. Mit einer Auflösung von gut drei Megapixel – das war zum Zeitpunkt des Erwerbs obere Mittelklasse – liefert das Gerät Bilddateien zwischen 0,3 und 1,7 Megabyte (JPEG-Format). Doppelseitige Reproduktionen in einem Magazin oder Bildband verlangen aber 80 bis 100 Megabyte. Fürs Gelände taugt ihm diese hochmoderne Kamera nicht: Die Bilddateien sind noch zu klein und die Aufnahmefolgen zu langsam, der Stromverbrauch ist viel zu hoch. Noch. Was dem leidenschaftlichen Fotografen viel mehr Sorgen bereitet, das ist die Flüchtigkeit der digitalen Bilder. Dateiformate ändern sich laufend, und viele Speichermedien, denen gestern noch die Zukunft gehörte, sind heute längst vom Markt verschwunden.

Wenn Bernd Ritschel also weiterhin Filme belichtet, geschieht das nicht aus Stolz und Eitelkeit, schon gar nicht aus Trotz. Der Profi wird seinen Auftraggebern weiterhin die Bilder liefern, die sie haben wollen. Analog oder digitalisiert. Zu Hause hütet er seinen Schatz: 120 000 Diapositive, mit den Händen zu greifen.

Manaslu, 8156 m, Manaslu Himal, Nepal

Sonnenaufgang in den Dolomiten, Marmolada von Westen, Italien

Fünffingerspitze im Abendlicht,
Dolomiten, Italien

Blick vom Großvenediger auf Hohe Tauern und Groß-glockner, Österreich

Geiselstein und Gabelschrofen vom Klammspitzkamm, Ammergauer Alpen, Deutschland ►

Blick über den Serfauser Heuberg auf die Ötztaler Alpen,
Tirol, Österreich

Piz Palü von Norden,
Bernina, Schweiz

Herbstbaum vor der Ahornspitze, Zillertaler Alpen, Tirol, Österreich

Polfilter

Der Polfilter ist in seiner Wirkung faszinierend und gehört seit Jahren zu meiner Standardausrüstung. Am häufigsten setze ich ihn ein, um das Blau des Himmels zu intensivieren und dadurch gleichzeitig den Kontrast zwischen Himmel und Wolken zu steigern. Auch unerwünschte Spiegelungen, z. B. auf Wasseroberflächen oder in Glasscheiben, lassen sich mit dem Polfilter abschwächen oder sogar ganz herausfiltern. Der Einsatz dieses Spezialfilters verlangt jedoch viel Fingerspitzengefühl. Ein winziger Dreh zu viel, und der Farbeindruck, vor allem das Blau des Himmels, wird unnatürlich. Eine leicht farbverändernde Wirkung, ganz gleich ob erwünscht oder unerwünscht, bleibt jedoch in jedem Fall.

Am stärksten ist die Wirkung des Polfilters im rechten Winkel zur Sonne. Bei Brennweiten von weniger als 20 Millimeter ist dabei jedoch Vorsicht geboten: Der Polfilter dunkelt dann nur die mittleren Bereiche stark ab, die Bildecken bleiben dagegen heller. Ich verwende deshalb den Polfilter ganz bewusst nicht in seiner stärksten Einstellung, sondern versuche durch Hin- und Herdrehen einen gleichmäßig harmonischen und nicht übertrieben starken Effekt zu finden.

Wenigstens sind jetzt endlich die Zeiten dunkler Bildecken (Vignettierung) durch zu dicke Fassungen von Polfiltern vorbei. Die Fotoindustrie hat reagiert und bietet seit ein paar Jahren extrem dünn gefasste Filter an, die auch in Kombination mit den modernen Weitwinkelzooms verwendet werden können.

Bernd Ritschel

Friesenbergsee, im Hintergrund der Hochfeiler, Zillertaler Alpen, Tirol, Österreich

Frühlingskrokusse bei Gries, Ötztaler Alpen, Tirol, Österreich

Herbstliche Heidelbeersträucher am Grinberg, Zillertaler Alpen, Tirol, Österreich

Bach in der Stillupklamm, Zillertaler Alpen,
Tirol, Österreich

Morgenstimmung am Plankenstein, Bayerische Alpen, Deutschland

Herbstwald am Ätna, Sizilien, Italien

Blick über den Jubiläumsgrat nach Osten,
Wettersteingebirge, Deutschland

Blick von der Zugspitze über den Waxensteinkamm auf Garmisch-Partenkirchen, Oberbayern, Deutschland

Skitour am Hinteren Daunkopf, Stubaier Alpen, Österreich

Weitwinkel

»Wenn dein Bild schlecht ist, warst du nicht nah genug dran.« Dieser Satz von Robert Capa beeinflusste meine Bildsprache von Anfang an. Ganz gleich wen ich fotografieren wollte, zuallererst suchte ich den persönlichen Kontakt. Erst dann kam die Frage nach dem Foto. Nur wenn ich es schaffte, einen »Draht« zwischen mir und meinem Gegenüber aufzubauen, konnten auch ausdrucksstarke Bilder entstehen.

Besonders die neuen, sehr lichtstarken Weitwinkelzooms sind für diese Art der Fotografie wie geschaffen. Mit einem 2,8/17–35-Millimeter-Zoom bin ich in der Reportagefotografie schnell und flexibel. Der extreme Bildwinkel erfasst auch das Umfeld einer Szene oder einer Person. Stürzende Linien und eine leicht verzerrte Bildwiedergabe können dem Motiv hier sogar noch mehr Dynamik verleihen und die Aussagekraft bildwichtiger Bereiche nochmals verstärken. Das Weitwinkelzoom ist sozusagen mein Arbeitspferd. In der Landschaftsfotografie greife ich jedoch seit ein paar Jahren wieder zurück auf die wunderschönen, manuell zu fokussierenden Festbrennweiten von Zeiss. Die Abbildungsleistung dieser Objektive ist nach wie vor unübertroffen. Zudem habe ich im Gegenlicht deutlich weniger Probleme mit Reflexen und Streulicht. In der Natur habe ich immer die Zeit, um einen Objektivwechsel vorzunehmen, auf Reportage dagegen bleiben mir für ein gutes Bild manchmal nur wenige Sekunden.

Bernd Ritschel

*Aufstieg zum Gipfel des Geitgaljen,
Lofoten, Norwegen*

*Bergsteiger »In der Sulze«, Stubaier Alpen,
Österreich*

Skitour zum Blankakopf, ►
Samnaun-Gruppe, Österreich

Hinduistische Pilger am Ganges, Haridwar, Indien

Leh im Mondlicht, Ladakh, Indien

Winterbiwak am Jubiläumsgrat, Zugspitze,
Wettersteingebirge, Deutschland

Lagerszene im Hidden Valley, Joshua Tree National Park, Kalifornien, USA

Snowboarder in Hochsölden, Österreich

Einsatz des Blitzgerätes

Viele Fotografen der »alten Schule« versuchten lange Zeit, Blitzlicht in der Fotografie zu vermeiden. Besonders für Reportage- und Naturfotografen war es eine Herausforderung, ausschließlich natürliches Licht zu nutzen. Erst in den 80er Jahren entwickelte sich mit den schnellen und verrückten Trendsportarten eine neue Bildsprache. In Verbindung mit Bewegungsunschärfen, Mitzieh- und Zoomeffekten hielt das Blitzlicht endgültig Einzug in die Welt der Fotografie. Gerade in diesen Bereichen setze ich die Aufsteckblitze von Canon gezielt ein. Um eine etwas natürlichere Beleuchtung zu erreichen, reduziere ich allerdings die Blitzleistung fast immer um eine Blende. In Kombination mit einer Omnibounce-Kappe vor dem Blitz wird das Licht weicher, durch die eingelegte Lee-Filterfolie (je nach Motiv zwischen 3000 und 3500 Kelvin) kann ich bei Kunstlicht sogar noch die Farbtemperatur anpassen. Um natürlichere Schatten zu erreichen, entfessle ich den Blitz, wann immer es geht. Entweder über ein klassisches Blitzkabel oder aber, wenn mehrere Geräte zum Einsatz kommen, über einen Speedlite-Transmitter, der über Funk sogar die TTL-Steuerung und individuelle Leistungsanpassung der Blitzgeräte ermöglicht. Gut geblitzt ist ein Bild dann, wenn der Betrachter das zusätzliche Licht gar nicht bemerkt. In der Natur- und Landschaftsfotografie verzichte ich jedoch, wo irgend möglich, auf künstliche Lichtquellen. *Bernd Ritschel*

Schneeschuhtour am Kareck, Estergebirge, Oberbayern, Deutschland

Mont Blanc im Abendlicht, Frankreich

Gipfelwechte am Piz Calcuons, Silvretta-Gruppe, Tirol, Österreich

Mont-Blanc-Massiv, Frankreich

Blick vom Preber auf den Großglockner, Hohe Tauern, Österreich

Ihr Traum vom Glück?
Bleibt mein Geheimnis.

Was bedeutet Luxus für Sie?
Alles was ich nicht brauche.

Das größte Unglück?
In der Hölle keine Freunde zu treffen.

Worüber ärgern Sie sich?
Manchmal über mich selbst.

Worauf möchten Sie nicht verzichten?
Auf ein breites Bett.

Was bereitet Ihnen einen kulinarischen Genuss?
Ein Stück gutes Brot und ein Glas klares Wasser – wenn ich Hunger und Durst habe.

Ihre Lieblingsfarbe?
Blau.

Ihr Lieblingsmaler?
Nolde, Dalí, Gauguin und viele andere.

Welches Gemälde würden Sie gern besitzen?
Das teuerste, um es zu verkaufen.

Ein Musikstück, mit dem Sie leben?
–

Ihre Lieblings-CDs?
Viele sehr verschiedene.

Ihre Lieblingsfilme?
Die zwölf Geschworenen, Der Duft der grünen Papaya, Broken Silence, Die unerträgliche Leichtigkeit des Seins, Chocolat – und viele andere.

Wen hätten Sie gern gekannt?
Gautama Buddha, Jesus Christus und meinen Vater.

Ihre Lieblingsbücher?
Onkel Toms Hütte (Harriet Beecher-Stowe), Haben oder Sein (Erich Fromm), Selbstbegrenzung (Illich), Die offenen Adern Lateinamerikas (Galeano).

Ihr Lieblingsgebäude?
Mein kleines Kuppelzelt.

Die schönste Landschaft, die Ihnen vor die Linse gekommen ist?
Dort muss ich noch hingehen.

Ein alpinistisches Ziel für die nächsten Jahre?
–

Welche Jahreszeit mögen Sie am liebsten?
Den Frühling ein wenig mehr als die drei anderen.

Sie gehen auf Reisen: ein Jahr lang rund um die Welt. Sie dürfen nur eine Kamera mit einem Objektiv (Festbrennweite) mitnehmen. Ihre Wahl?
Leica R6.2, Elmarit 2,8/90 mm.

Ihr größtes Vorbild als Fotograf?
–

Welches berühmte Foto hätten Sie gern aufgenommen?
–

Welche natürliche Gabe möchten Sie besitzen?
–

Was möchten Sie noch lernen?
Gewisse Dinge besser zu verstehen.

Was macht Ihnen Mut?
Dass nichts ewig dauert.

Ihre liebste Gewohnheit
Mit offenen Augen träumen.

Ihr Lebensmotto?
Mich selbst und die Dinge nicht zu ernst nehmen

Ihr Lieblingsbild?
–

Jürgen Winkler

Der lange Weg zum »anderen Bild«

Ein »goldener« Oktobertag im Karwendelgebirge. Die Uhr zeigt zwölf Uhr Mittag. Jürgen Winkler sitzt auf einem einsamen Karwendelgipfel und schaut auf das Panorama der Kare und Grate und Gipfel. In den Händen hält er die Leica mit dem 28-Millimeter-Objektiv, als wisse er nicht recht, was damit anfangen. »Ich brauchte nicht mal aufzustehen«, sagt er belustigt. »Kamera so etwa in die Richtung halten, Belichtung einstellen und auf den Auslöser drücken. Dann hätte ich so ein Bild wie jeder andere auch. Ein langweiliges Bild.« Es ist nicht »jeder andere«, der Jürgen Winkler stört, es ist das »langweilige Bild«. Das hat er so kommen sehen. Darum hat er nur diese eine Kamera mit dieser einen Festbrennweite in den Rucksack gepackt. Um sich später nicht vielleicht Vorwürfe machen zu müssen. Die Auslösehemmung am Gipfel bestätigt indes eine alte Regel, die nicht dadurch an Gültigkeit verliert, dass man sie schon so oft gehört hat – nun also auch von Jürgen Winkler: »Bergsteigen und Fotografieren passen nicht gut zusammen. In der Regel muss ich entscheiden, ob ich das eine oder das andere tue.« Er macht lächelnd das Gipfelfoto, um die Erwartung des Begleiters nicht zu enttäuschen. Dann verstaut er die Kamera und wird sie bis zur Rückkehr am Parkplatz nicht wieder zur Hand nehmen.

Gänzlich unbefangen an ihn heranzugehen, ist gar nicht möglich für einen, der sein Interesse an den Bergen irgendwann in den letzten 30 Jahren entdeckt hat. In Büchern und Bergsteigermagazinen waren seine Bilder immer. Für den Alpinismus und den Bergsteiger lieferte er viele Titelfotos, Portfolios und »Bilder des Monats«; in der Bergwelt hatte er eine eigene Doppelseite; in den alten Mitteilungen des Deutschen Alpenvereins war seine Sicht der Berge auf vielen Umschlägen und ungezählten Seiten zwischendrin zu sehen. Damals, in den 60er und 70er Jahren und auch noch einige Zeit darüber hinaus, waren es nicht so viele Vorlagen, die der Lithograf, Ehre seinem Angedenken, zum Druck aufbereitete. Was aber reproduziert wurde, das hatte länger Bestand: Weil man es eingehender betrachtete und sich dadurch tiefer einprägte. So trägt ein erwachsener Bergsteiger manche Ansichten von Bergen fast unweigerlich im Kopf herum: die Grandes Jorasses, den Rochefortgrat, den Alpamayo Chico in Bolivien. Es sind schwarzweiße Bilder, die Jürgen Winkler am Anfang seiner Laufbahn als »Bergfotograf«, nach 1961, gemacht hat. Auch was er später in Farbe aufnahm – Landschaften und Menschen in den Gebirgen der Welt – haftet im Gedächtnis. Das Gesamtwerk hat ihm Jahrzehnte später im Jahr 1998 die Berufung in den erlauchten Kreis der Deutschen Gesellschaft für Photographie eingetragen. Doch was zählt das

Glacier des Bossons, Mont-Blanc-Massiv, Frankreich

heute in einer Zeit, die das Beständige fürchtet, weil es Standpunkte definiert und Stellungnahme verlangt und eine geradezu unzeitgemäße Form von Sorgfalt?

Jürgen Winkler wurde 1940 in Berlin geboren, er ist der Älteste im Quartett der edition Berge. Als Einziger der Vier hat er sowohl das Handwerk des Fotografen als auch den Beruf des Bergführers »ordentlich« erlernt. Ein Vollblutprofi durch und durch, möchte man meinen. Die ihn kennen, zeichnen ein anderes Bild. Zu still, zu bescheiden sei er, um in der harten, schnellen, lauten Welt mehr als anerkennende Worte zu finden. So oft haben sie ihn auf diese Weise beschrieben, dass man es gar nicht mehr hören, geschweige denn glauben möchte. Der Künstler, der zu sensibel ist, um im Alltag richtig Fuß zu fassen – ein Klischee; und, wie jedes Klischee, nicht völlig falsch. »Ich bin ein schlechter Geschäftsmann«, sagt er über sich selbst. Tatsächlich ist Jürgen Winkler ein Mensch, dem sein Tun nicht selbstverständlich ist. Immerzu muss er sich erklären, was er da eigentlich tut. »Ich glaube, keiner hat so viel darüber nachgedacht, was ein Bergfotograf ist, wie ich.« Diese Frage hat ihm niemand gestellt, sie ist in seinem Kopf. Der lehnt sich gegen die Abschiebung ins Fach der »Bergfotografie« seit jeher auf. »Es gibt doch auch keine Meerfotografie!«, lautet eine seiner meistzitierten Aussagen. Leiser Stolz schwingt darin mit oder wenigstens der selbstbewusste Hinweis auf den erlernten Handwerksberuf. Als er mit 18 in die Lehre ging, ließ ihn der Meister alles andere als Berge fotografieren. Für die Gesellenprüfung hatte er Van Goghs »Sämann« zu reproduzieren, in Schwarzweiß, und er legte der Prüfungskommission daneben eine Aufnahme des damals höchsten Frankfurter Hauses, der Oberfinanzdirektion, vor – ohne »stürzende Linien«. Die Industrie- und Werbefotografie hatte ihn gelehrt, das Licht zu verstehen und ein Motiv zu gestalten, Graustufen und Tonwerte zu beurteilen, Proportionen und Perspektiven zu beachten. Die Landschaftsfotografie spiegelte seine Bergbegeisterung. Als die Prüfer in einer der ersten Bergfotografien Winklers – dem Blick vom Wetterhorn über Grindelwald auf Schreckhorn und Lauteraarhorn (1959) – unbeeindruckt über die fehlende Zeichnung in den Schattenpartien nörgelten, beschwor der Jungfotograf lebhaft die ganz ungeheure Lichtfülle im Hochgebirge, von

Führernadeln im Wilden Kaiser, Tirol, Österreich

Dolomiten, Italien

der sich die Herren im Raum keinerlei Vorstellung machen könnten; derart eindringlich schilderte der Kandidat die extremen Bedingungen, denen kein Film, kein Fotopapier gewachsen sei, dass die Jury am Ende respektvoll nickte. So sah das also aus im Hochgebirge ... Die 60er Jahre: Jürgen Winkler lebte in Frankfurt und unternahm seine größten Touren in den Alpen. Die kostbarsten Erinnerungen verbindet er mit der fünften Begehung des gesamten Peuterey-Grats 1962, am Seil verbunden mit Pit Schubert, im Rucksack neben der Leica noch die Rollei. 1963 veröffentlichte er beim Bergkamerad sein erstes Titelbild; die heute klassische Gegenlichtaufnahme des Kletterers Pit Schubert in der Wiesbachhorn-Nordwestwand brachte ihm 15 Mark. Auch in den folgenden Jahren trug er meist Kleinbild- und Mittelformatkamera über die schwierigsten Routen, manchmal, wie in der Ostwand des Grand Capucin, ohne auch nur ein einziges Mal den Auslöser zu betätigen.

In München wurde ein bekannter Alpin-Publizist aufmerksam auf den jungen Bergsteiger, der so famos fotografierte. Ironie der Geschichte: Wäre Winkler einem großen Architekten oder Modeschöpfer begegnet, wäre er heute vielleicht einer der namhaftesten Architektur- oder Modefotografen in Deutschland und würde sich wundern, dass keiner sich für seine Bergbilder interessierte. So geriet er aber 1964 an Walter Pause, wurde zum »Bergfotografen« und bemerkte bald, dass kaum einer seine Porträts, Stillleben etc. sehen wollte. Die Bergsteiger sahen dafür »Im extremen Fels«, 1970 erschienen und für viele immer noch das schönste Ergebnis der Zusammenarbeit Pause/Winkler: 100 Porträts großer Wände in Schwarzweiß – ein Meilenstein der »Bergfotografie«.

30 Jahre später: Jürgen Winkler besucht eine Redaktion, um Bilder abzugeben. Bevor er das Bestellte auspackt, schwärmt er vom Engadiner Skimarathon, den er gerade fotografierte. Ob er mal zeigen dürfe? Und dann legt er farbige Tempostudien auf den Leuchttisch. Ganz nah ist er herangegangen an die Läufer, hat mit langen Verschlusszeiten die

Condoriri-Gruppe, Bolivien

vorübergleitenden Körper aufgelöst in bunte Wischer, zwischen denen, seltsam unbewegt, weiße Berge starren. Der Redakteur staunt, aber er wartet auf die anderen Bilder. Endlich holt sie der Fotograf aus der Tasche. Da liegen sie, zum x-ten Male gesehen, zum x-ten Male andächtig in die Hand genommen: Winklers schwarzweiße Wände, ins Bild gesetzt wie große Architektur, auf dem Papier ausgearbeitet mit ungeheurer Sorgfalt; danach die Kleinbilddias aus dem Himalaya, unverkennbar auch am typischen Kodachrome-Ton. (Dass Jürgen Winkler den fast kornlosen und farbsatten Fuji Velvia verweigert, quittieren die jungen Kollegen mit einem respektvollen Grinsen, das er gelassen erwidert.)

1970 reiste Jürgen Winkler zum ersten Mal nach Asien, als Teilnehmer der Sigi-Löw-Gedächtnisexpedition zum Nanga Parbat, in deren Verlauf die Brüder Reinhold und Günther Messner über die seither nie wiederholte Rupalwand den Gipfel erreichten. (Beim Abstieg über die Diamirflanke kam Günther – wahrscheinlich in einer Lawine – ums Leben.) Schon im Herbst 1971 leitete er für den Deutschen Alpenverein die erste Trekkingtour nach Nepal. Zahlreiche Reisen und Expeditionen in den Himalaya und zu den Bergen der Welt folgten. 1976 veröffentlichte Winkler den großen Bild- und Textband »Nepal« und 1989, nach 15 Jahren intensiver Beschäftigung mit dem höchsten Gebirge der Welt, schließlich das opus magnum, den Prachtband »Himalaya«, für den er den Europäischen Bergbuchpreis erhielt.

Wie passt der Skimarathon zum Nanga Parbat? Wie fügen sich die bunten Wischer zu den großen, statischen Landschaften? Die Fragen zielen vorbei, Jürgen Winkler ist mit seiner Arbeit noch nicht fertig. Tatsächlich hat er schon in den 60er Jahren mit den heute so modischen, dynamischen Unschärfen experimentiert – voller Respekt für den großen Ernst Haas, der den Standard schon zehn Jahre vorher gesetzt hatte. Nun war es eben wieder so weit. Winkler ist Fotograf, und er hat gelernt, seiner eigenen Wahrnehmung nicht zuvorzukommen. Denn die Dinge im Sucher sind launisch. Sie führen ein Eigenleben. Sie verändern sich. Neugierig sieht ihnen der Fotograf dabei zu.

Wer Jürgen Winkler hartnäckig nach Vorbildern fragt, entlockt ihm vielleicht den Namen Ernst Haas, was nicht überrascht. Mit seinem berühmten Bilderzyklus »Die Schöpfung« ist Haas zum Säulenheiligen der Naturfotografie geworden. Viele andere Fotografen finden Winklers Anerkennung, so auch der weit gereiste Belgier Harry Gruyaert, der bekennt, mit den Fremden vor der Kamera niemals wirklich kommunizieren zu können (und dies mit seinen faszinierenden Bildern verschleierter Frauen in Marokko eindrucksvoll illustriert hat). Ein Vorbild? Winklers herausragende Porträts von Menschen im Himalaya und in den Anden sind Ausdruck von Nähe und Kommunikation. Und seine Enttäuschung über jene Trekker, die sich darauf nicht einlassen, sondern kalten Blicks die Objektive wie Zielfernrohre auf »exotische« Gesichter richten, ist groß. Wo Menschen leiden, wo ihnen nichts mehr bleibt als ihre Würde, da verbietet ihm eine tief empfundene Scheu den Druck auf den Auslöser.

Landschaft und Mensch, die großen Motive in Jürgen Winklers Werk; nur die Perspektive hat sich geändert. Ende 2000 zeigte der Fotograf »Das andere Bild der Berge«: einen Band mit Aufnahmen von Parkplätzen, Sesselliften, Seilbahnstationen, Schnellstraßen und

Sendemasten. Nach der erhabenen Wildnis und, pardon, dem edlen Wilden hat er sich nun dem banalen Alltag im zivilisierten Gebirge Alpen zugewandt. Die Infrastruktur und wie wir sie in Anspruch nehmen, ist das Thema, und manche Bewunderer der »alten« Bilder werden darüber den Kopf schütteln. »Warum macht er das?«, werden sie fragen. Weil er Fotograf ist, lautet die einzige Antwort. Weil das Motiv da ist und weil das suchende Auge noch lange nicht genug gesehen hat.

Natürlich ist seine Empfindung eine andere, je nachdem ob er einen Achttausender im Himalaya oder fünf Toilettencontainer in den Alpen ablichtet; aber wie er mit seinen »schönen« Bildern nicht vorderhand die Bereisung der Berge propagiert hat, so wenig will er jetzt mit seinen »hässlichen« Bildern politisch agitieren. Seine Bilder haben keinen Zweck außer den, angeschaut zu werden. So schaut also der Betrachter mit Winklers Augen auf die Phänomene der bewohnten Welt. Und er erkennt, wenn schon keinen Zweck, dahinter ein klares Programm. Es ist nicht die Ökologie, es ist das Staunen über die Dinge, die der Mensch ins Gebirge trägt. Doch Winkler geht noch viel weiter. Hinter all den Installationen und Infrastrukturen, zwischen allem Gewimmel fangen seine Bilder noch etwas ganz anderes ein: die namenlose Furcht des Menschen vor der Wildnis, dieser sinnlosen Ausdehnung Natur.

»Neue Bilder« hin oder her, beim einmal Erreichten stehen zu bleiben, das ist ihm ganz und gar unmöglich. Wenn er sich auch mit dem »Bergfotografen«, widerstrebend, abgefunden hat, so fragt er weiter: »Was hat sich in dieser ›Bergfotografie‹ denn in den letzten 20 Jahren wirklich verändert?«. Und er gibt die Antwort gleich selbst; sie endet, typisch Winkler, mit einer neuen Frage: »Die Ausrüstung wird ja immer perfekter, doch die Motive ...?« Jürgen Winkler will den Betrachter nicht überwältigen. Statt eine geläufige Auffassung von Schönheit immer wieder aufs Neue zu illustrieren (was nicht nur bequemer, sondern auch einträglicher wäre), behält er sich das Recht auf Wandlung vor. Die Welt ist voller Fragen; dies zu zeigen, ist sein Ziel. Wo andere Regeln aufstellen, rät er zur Regellosigkeit. Der stille, sensible Schöngeist ist ein Anarchist. Folgt keiner Lehre, sagt er, sondern stellt Fragen. Und: Regeln sind da, um sie zu brechen. Jürgen Winkler ist Zeit seines Fotografenlebens auf der Suche.

Auf Workshops irritiert er bisweilen die Teilnehmer, ruft Verständnislosigkeit hervor und provoziert – Verstehen. Wer die Porträtfotografie von ihm erlernen will, den lässt er im Kurs durch den Sucher der aufs Stativ geschraubten Kamera blicken. Wo dann vielleicht zwei restlos verschwommene Gesichter zu erkennen sind und zwischen ihnen, sauber fokussiert, die Bergstation einer Seilbahn. Dahinter steckt keine Zwanghaftigkeit, kein Bemühen um »Originalität« oder was dafür gilt. Sondern einzig die Irritation eines Menschen, dem die Brüchigkeit der Oberflächen – und nichts als Oberflächen konserviert der Film! – zur sinnlichen Erfahrung wird.

So führt er gleichsam ein Leben am Rand des großen Flusses, wo die Strömung langsamer ist, in kleinen Wirbeln und Strudeln sich dreht. Stößt an, dreht um, taucht ein, treibt weiter. Weil er sich scheut, ganz hinüber zu springen, dorthin wo die Bilder vollends zur Ruhe gekommen sind.

Eisacktal, Südtirol, Italien

Im Valtournanche, Italien

Die Technik

Die große Linhof hat er vor mehr als drei Jahrzehnten zum letzten Mal benutzt. Auch die Rolleiflex liegt sorgsam verstaut die meiste Zeit im Schrank. Das Labor, in dem die vielen berühmten Vergrößerungen entstanden? Selten holt er noch die Schalen und Chemikalien hervor und schließt die Rollläden vor dem Fenster. Seine Ausrüstung ist mit den Jahren immer kleiner geworden, längst trägt Jürgen Winklers Arbeit das Format 24 x 36 Millimeter. Fünf Leica-Spiegelreflexkameras hütet er zu Hause im Schrank. Seine Hauptarbeitsgeräte sind die R4 und die voll mechanische R6, bestückt mit Originalobjektiven zwischen 15 und 250 Millimeter Brennweite, geladen ausschließlich mit dem Kodachrome 64.
Doch immer noch, selbst wenn seine Arbeit seit vielen Jahren Farbe zeigt, betrachten ihn ungezählte Bergsteiger und Fotobegeisterte vor allem als Schwarzweißfotografen. »Schwarzweißfotografie heißt Reduzieren auf das Wesentliche, Verdichten der farbigen Natur in einfache visuelle Werte. Schwarzweißfotografie ist nicht die arme, zurückgebliebene Schwester der Farbe. Sie ist bescheiden und stark, kompromisslos und ehrlich.« Das schrieb er in seinem viel gerühmten Band »Aus den Bergen« (1993). Warum er diesen Weg immer seltener geht? Der Aufwand ist immens, der Ertrag lohnt ihn nicht. Wenn er Redaktionen und Verlagen noch Bilder verkaufen will, haben die bunt zu sein. Grauwerte zu entwickeln ist Kunst, die Achtung bringt, aber kein Geld. Und dennoch: Die schnelle, bunte Bilderwelt, die nun also in digitalen Datenpaketen gespeichert und am Bildschirm so lange bearbeitet wird, bis man sieht, was immer man sehen will, entwertet den Augenblick. Wo alles möglich ist, entsteht Langeweile; wandelt sie sich in Unzufriedenheit, wächst das Verlangen nach anderen Ausdrucksformen. Schwarzweiß bietet sich als Gegenbewegung an. Die schöpferische Verweigerung macht neugierig.

Wer nur Farbdias belichtet, hat den kürzesten Weg zum Bild gewählt: Mit dem Druck auf den Auslöser ist alles gelaufen. Die Entwicklung im Großlabor entzieht sich seiner Einflussnahme; wer will, muss nicht mal mehr Filmstreifen zerschneiden und Kunststoffrähmchen zudrücken. Der Schwarzweißfotograf hat dagegen den gesamten Prozess, von der Aufnahme bis hin zur fertigen Vergrößerung, vollständig in der Hand. Darin liegt das ganze Faszinosum – und eine ungeheure Herausforderung. Doch wie findet so ein Unzufriedener, satt von Farben, Zugang ins graue Universum? Bis auf die gewohnte Kamera ist darin fast alles anders, angefangen bei den Filmen. Jürgen Winkler verwendete über viele Jahre Agfapan 25 und Ilford FP 4, Filme mit niedriger Empfindlichkeit und hoher Schärfe. Seine Vergrößerungen belichtet er auf Chlor-Brom-(Silber-)Barytpapier (Agfa Portriga Rapid). Gradationswandlerpapiere genügen seinen Qualitätsansprüchen nicht.

Schwarzweißfotografie, sagt Jürgen Winkler, ist schwerer als Farbfotografie, weil sie zunächst eine doppelte Abstraktion der Wirklichkeit darstellt: Aus drei Dimensionen werden zwei, aus Farben werden Graustufen. Und es kommt noch ärger. Wer nämlich bunt analog zu grau machen will, wird sehr oft enttäuscht werden. Zu sehen gibt es dann nicht selten eine »graue Soße«. Statt Farbkontraste kennt der Schwarzweißfotograf nur Helligkeitskontraste, und so muss er mit Farbfiltern arbeiten, die Farben (bzw. ihre Grauwerte) steigern oder dämpfen. Die in der

Landschaftsfotografie beliebten Gelbfilter zum Beispiel sperren einen Teil des im Farbspektrum gegenüberliegenden Himmelsblau. Ergebnis: Es fällt weniger Licht auf den Film, das Negativ wird im Bereich des Himmels heller, lässt also beim Vergrößern mehr Licht aufs Fotopapier durch, und der Himmel erscheint schließlich dunkler. Orange- oder gar Rotfilter steigern diesen Effekt. Umgekehrt werden Wiesen und Bäume durch den Einsatz eines Grünfilters heller.

Ausnahmen bestätigen die Regel, die da heißt: Schwarzweißfotografie lebt von der Grafik, von Linien und Flächen, Licht und Schatten. Lohnende Motive finden sich oft dort, wo die Kontraste hart aufeinander treffen, beispielsweise im verschneiten Gebirge oder im Gletschergelände. Doch auch kontrastarme »High-Key«-Aufnahmen mit ganz zarten Grauwerten können auf Betrachter einen besonderen Reiz ausüben. Plätscherndes, gurgelndes, tosendes Wasser ist ein weiteres bevorzugtes Thema von Jürgen Winkler, der auch bei »statischen« Bergporträts auf Bewegung achtet. Selten fotografiert er bei komplett blauem bzw. dunkelgrauem Himmel, die so vielgestaltigen Launen von Wind und Wetter gestalten im Handumdrehen langweilige Ansichten zu aufregenden Naturstudien.

All diese extrem gegensätzlichen Motive richtig zu belichten ist keineswegs nebensächlich, wie viele meinen, die in der Dunkelkammer immer »irgendwie« zum gewünschten Ergebnis kommen wollen. Tatsächlich gelingt die nachträgliche Korrektur von Belichtungsfehlern nur in Maßen. Die bekannte Faustregel, kontrastreiche Motive eher reichlich zu belichten und kurz zu entwickeln, bei kontrastarmen Motiven dagegen genau umgekehrt zu verfahren, kann gerade der Kleinbildfotograf kaum befolgen. Wie soll er sich entscheiden, wenn er auf einem Film (36 Aufnahmen!) Gletscherberge in gleißendem Sonnenlicht und nebelverhangenen Bergwald fotografiert hat? Ein gutes Negativ markiert den Beginn, was später angeschaut wird, ist allein die Vergrößerung. Jürgen Winkler hat die labyrinthischen Pfade, die zu befriedigenden Ergebnissen führen, schon während der Lehrzeit beschritten und sich zu orientieren gelernt. Er weiß um die Tricks, den Fallen am Weg auszuweichen – den Schwärzen, die nicht wirklich schwarz, und den Lichtern, die grau belegt sind, den unausgewogenen Tonwerten, den »zugelaufenen« Schatten und den »ausgefressenen« Lichtern. Doch immer noch, aller erworbenen Routine zum Trotz, fordern manche Motive sein ganzes Können. Über schwierigen Vergrößerungen bringt Jürgen Winkler drei Stunden oder sogar länger zu. Der alte Liesegang-Vergrößerungsapparat, Mitte der 60er Jahre gekauft und mit dem Schneider Componon 5,6/135 Millimeter heute so gut bestückt wie damals, ist geduldig. Die Filmbühne wird penibel sauber gehalten. Schon als Lehrling hat sich Winkler über die Schlampigkeit mancher Kollegen geärgert, die Fussel und Flecke auf dem Papier achselzuckend hinnahmen. Manchmal reinigte er lange nach Dienstschluss das Labor und putzte die Geräte. Nicht weil es der Meister ihm angeschafft hatte, sondern weil er dann seine eigenen Vergrößerungen belichtete. Weil ihm niemand sagen musste, dass ein gutes Bild nicht die geringste Nachlässigkeit verträgt.

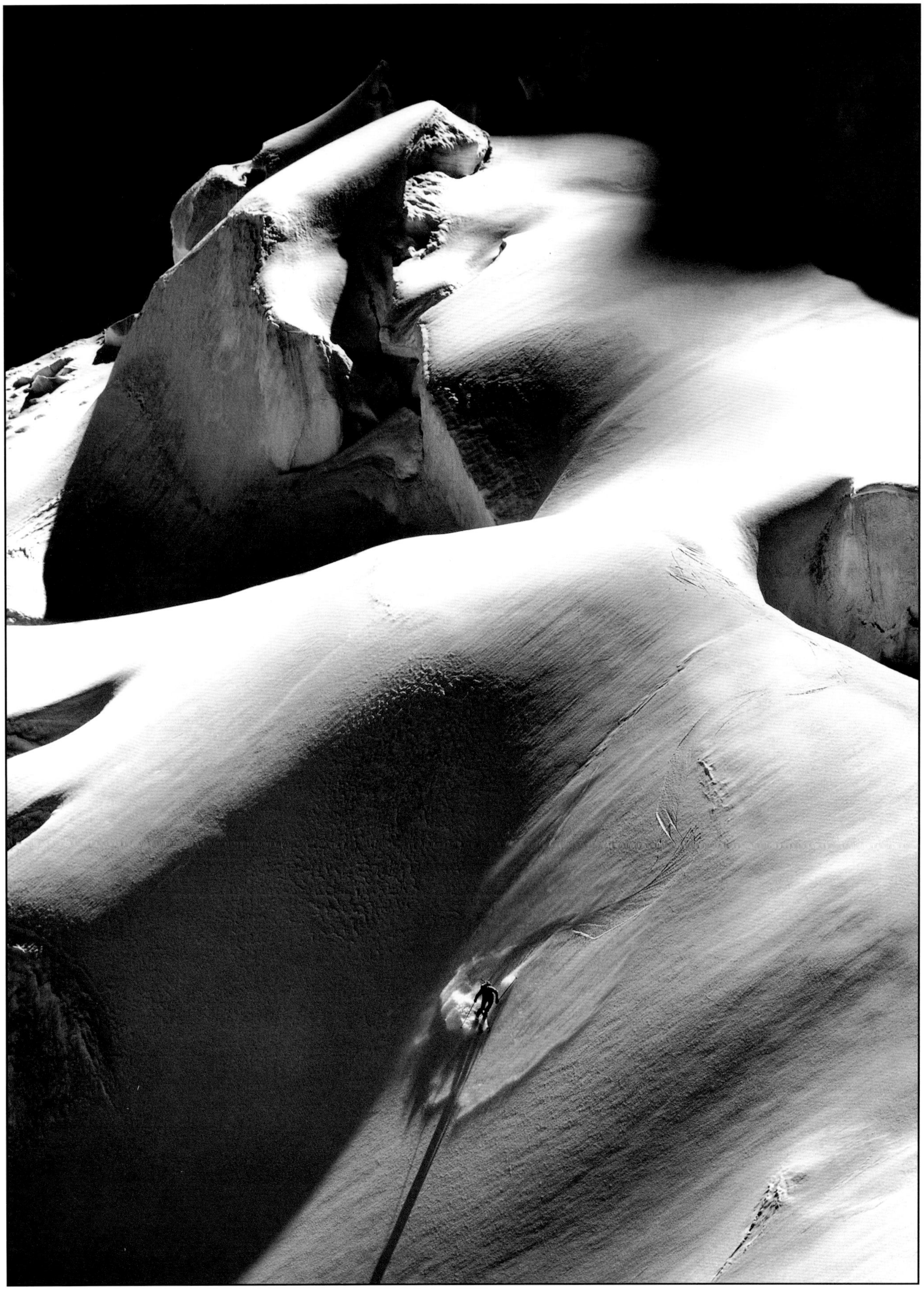

Im Persgletscher, Bernina, Schweiz

Gebetsfahnen und Mount Everest, Tibet

Rosengarten, Dolomiten, Italien

Tessin, Schweiz

An den Grimselplatten, Schweiz

Sturmwolke über dem Mont Blanc, Frankreich

◄ *Wasserfallklettern, Bayerische Alpen, Deutschland*

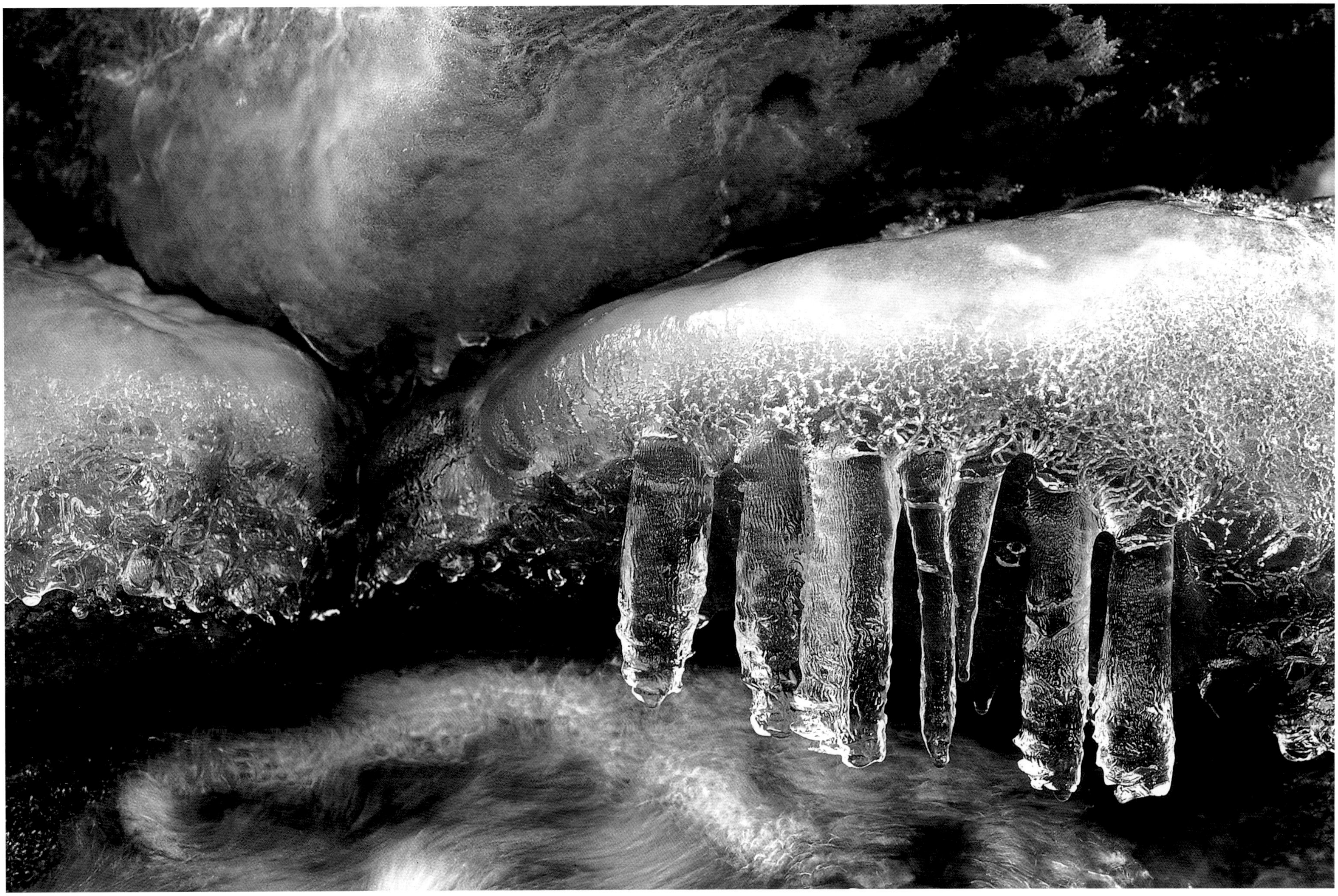

Eisiger Bach im Sikkim-Himalaya, Indien

◄ *Eisstruktur, Bayerische Alpen, Deutschland*

Cordillera Vilcanota, Peru

Kali Gandaki, Nepal

Skitour in den Bayerischen Voralpen, Deutschland

Kaunertal, Österreich

Urwaldlager, Bhutan

Namenlose Gipfel im Karakorum, Pakistan

Träger in Nepal

Mädchen in Nepal ►

Balti-Träger, Karakorum, Pakistan

Perito-Moreno-Gletscher, Argentinien

Grasnelken auf einem Felsturm, Irland

Wasserfall im Wallis, Schweiz

Zeltlager im Khumbu, Nepal

Feuer im Nanga-Parbat-Gebiet, Pakistan ►

Im großen Krater des Kilimandscharo, Ostafrika

Uomo di Cagna, Korsika

Pala, Dolomiten, Italien

Mond über dem Ganesh Himal, Nepal

Ihr Traum vom Glück?
Ich lebe ihn.

Was bedeutet Luxus für Sie?
Zeit zu haben.

Worüber ärgern Sie sich?
Über Kleinigkeiten.

Worauf möchten Sie nicht verzichten?
Auf Tage in den Bergen.

Was bereitet Ihnen einen kulinarischen Genuss?
Die Schwarzwälder Kirschtorte meiner Frau.

Ihre Lieblingsfarbe?
Viele Farben können schön sein!

Ihr Lieblingsmaler?
Vincent van Gogh, Gustav Klimt.

Welches Gemälde würden Sie gern besitzen?
Sonnenblumen (van Gogh).

Ein Musikstück, mit dem Sie leben?
San Francisco (Scott McKenzie).

Ihre Lieblings-CDs?
Land of Enchantement (Deuter), Best of Phil Collins, Himalaya (Soundtrack).

Ihre Lieblingsfilme?
Himalaya.

Wen hätten Sie gern gekannt?
Jesus, Buddha.

Ihre Lieblingsbücher?
Siddharta (Hermann Hesse), Das Tibetische Buch vom Leben und Sterben, Die unendliche Geschichte (Michael Ende).

Ihr Lieblingsgebäude?
Unser neues Haus und das Taj Mahal.

Die schönste Landschaft, die Ihnen vor die Linse gekommen ist?
Tirol.

Ein alpinistisches Ziel für die nächsten Jahre?
Viele, möglichst schwierige Erstbegehungen im Karwendel und im Wetterstein sowie möglichst viele Kletterrouten rund um die Welt.

Welche Jahreszeit mögen Sie am liebsten?
Frühling.

Sie gehen auf Reisen: ein Jahr lang rund um die Welt. Sie dürfen nur eine Kamera mit einem Objektiv (Festbrennweite) mitnehmen. Ihre Wahl?
Kleinbild-Spiegelreflexkamera, 20 mm.

Ihr größtes Vorbild als Fotograf?
Sebastiao Salgado, Art Wolfe, David Munch, Yann Arthus-Bertrand.

Welches berühmte Foto hätten Sie gern aufgenommen?
Regenbogen hinter dem Potala (Galen Rowell).

Welche natürliche Gabe möchten Sie besitzen?
Alle Menschen glücklich zu machen.

Was möchten Sie noch lernen?
Filmen.

Was macht Ihnen Mut?
Eigene Ziele.

Ihre liebste Gewohnheit?
Mich von meiner Frau kraulen lassen.

Ihr Lebensmotto?
Ein guter Mensch sein, nicht überarbeiten, viel klettern und viel fotografieren.

Ihr Lieblingsbild?
Alexander Huber bei der ersten Rotpunktbegehung der Route »Salathé« am El Capitan.

Heinz Zak

Bilder vom intensiven Leben

Diesen 11. Oktober 1986 hat Heinz Zak nie vergessen. Gesichert an einem Klemmkeil hing er unter dem weit ausladenden Felsdach über dem Yosemite Valley in Kalifornien. Auf Armlänge neben ihm tastete sich der deutsche Kletterer Wolfgang Güllich vorbei; verklemmte seine Hand in dem Riss, der das ganze Dach durchzieht und hinten, an der Kante, nur noch die Breite eines Fingers hat; schlich wie das Bild einer Katze, die über einen Spiegel läuft, die sechs Meter hinaus zur Kante; fixierte den federnden Griff und schwang seinen Körper hinüber, hinauf, in der seltenen Kombination aus Kraft, Gefühl und äußerster Konzentration. Zak, kaum fähig zu atmen, drückte auf den Auslöser seiner Kamera. Erst später wusste er: Das war das Bild, sein Bild, das um die Welt gehen würde. Denn durch dieses atemberaubend ausgesetzte Dach, das der Erstbegeher Ron Kauk im Jahr 1977 »Seperate Reality« genannt und zur vielleicht berühmtesten Kletterstelle in den USA gemacht hatte, durch diese »Andere Wirklichkeit« waren vor ihm schon viele Kletterer gegangen. Doch was Heinz Zak auf seinem berühmten Foto festgehalten hat, zeigt einen Menschen, der sich dem Leben in seiner strengsten Konsequenz ausgesetzt hatte. Wolfgang Güllich war diesen Meilenstein im Klettersport im Alleingang geklettert, seilfrei, ohne Sicherung. Und der Mann, der dies mit seiner Kamera dokumentierte – auch er in einer anderen Wirklichkeit, nahe am Herzstillstand – hätte für sein Empfinden wohl ebenso gut den ersten Menschen auf dem Mond ablichten können.

Wolfgang Güllich ist tot. 1992 starb er bei einem Autounfall. Der Fotograf Heinz Zak lebt und klettert und fotografiert weiterhin die besten Kletterer der Welt. Doch jedes Mal, wenn er ins Yosemite Valley kommt – seit 1986 etwa sechs Mal – führt ihn sein Weg immer wieder zu jenem Dach, das er schon zehn Mal bewältigt hat. So auch 1998, als er nach der Pflicht die Kür des jungen amerikanischen Klettertalents Dean Potter dokumentierte: in der 600 Meter hohen Nordwestwand des Half Dome, das Seil wie zum Hohn auf den Rücken gebunden, und als Seiltänzer, mit erhobenen Armen, im freien Raum zwischen der exponierten Gipfelnadel des Lost Arrow Spire und der Felswand beim Upper Yosemite Fall. Dass Potter dabei seine Selbstsicherung ins Seil gehängt hatte, lag nicht etwa an ihm selbst, sondern am Fotografen; Zak hatte sich geweigert, den Trapezakt, wie von Potter ursprünglich beabsichtigt, »ohne« zu dokumentieren.

Die Beispiele ließen sich fast beliebig fortführen. Wer in den 80er und 90er Jahren irgendeine Kletterzeitschrift zur Hand nahm, egal ob in Deutsch, Französisch, Italienisch, Englisch oder Spanisch, stieß früher oder später auf die spektakulären Bilder des Tirolers. Dass der selber ausgezeichnet klettern kann, erleichtert ihm natürlich, dorthin zu kommen, wo die Aktion sich zum Motiv verdichtet. Doch es ist längst nicht allein sportliche Leistungsfähigkeit, die ihn dazu befähigt. Über die Qualität einer Aufnahme, da macht der Kletterer dem Künstler nichts vor, entscheidet zuerst das visuelle Einfühlungsvermögen – der »fotografische Blick«.

1958 in Wörgl geboren, zwischen Kaisergebirge und Karwendel, kam Heinz Zak früh in Kontakt mit dem Bergsteigen. Die Jungmannschaft im Innsbrucker Alpenverein prägte seinen alpinistischen Weg in den 70er Jahren. Es müssen wilde Zeiten gewesen sein; erzählt er davon, mischt sich in seiner Mimik die Lust des großen Buben mit der Ungläubigkeit des Erwachsenen,

Mit Teleskopstelzen in der Schüsselkar-Südwand, Wettersteingebirge, Österreich

der es kaum fassen kann, überhaupt noch am Leben zu sein. Doch schon als man in Funktionärskreisen die Nasen rümpfte über die neue Szene und den Sport der bunten Buben als läppische Turnerei abtat, zielte die Kritik an ihm vorbei. Heinz Zak ist immer zuerst Bergsteiger gewesen. Und als Allroundalpinist gehört er nach wie vor zu den Besten in Österreich.

Als er 15 war, kaufte ihm die Großmutter – »Sie war mein erster Sponsor!« – zum Seil die Kamera. Voller Dankbarkeit erinnert sich der Enkel an die zwei Dinge, die ihm halfen, so zu leben, wie er leben will. Bevor sein Name Jahre später neben den Bildern in einschlägigen Magazinen stand, brachten ihn die alpinen Chronisten schon mit einer Vielzahl neuer, schwerer Anstiege in Verbindung. Kein anderer Profifotograf kann die extremen Routen, die er mit der Kamera dokumentiert, tatsächlich fast alle selber klettern. Was Heinz Zak für seine Arbeit aber als nebensächlich erkennt. Dennoch, sein Selbstverständnis ist, je nach Sicht der Dinge, ausgesprochen unentschieden oder eindeutig gespalten: Klettern und Fotografieren, das sind ihm zwei Seiten einer Medaille; es ist ihm schlicht unmöglich zu sagen, worauf er eher verzichten könnte.

Mit 40 Jahren beherrscht der Bildchronist der Szene als Kletterer den zehnten Grad. Im heimatlichen Karwendelgebirge und im Wetterstein erschließt er alpine Neutouren am laufenden Band. Und er begleitet die, die es am Fels noch besser können als er, beim Setzen neuer Meilensteine. Heute schaut die Klettergemeinde bewundernd zu den Chiemgauer Brüdern Alexander und Thomas Huber auf, die ihr Können längst an den ganz großen, ganz schweren Wänden messen. Und immer wieder ist es Heinz Zak,

Wolfgang Güllich free solo in »Seperate Reality«, Yosemite National Park, Kalifornien, USA

der sie mit Fotos zum Anstaunen und Kopfschütteln versorgt. Zum Beispiel mit Aufnahmen von der ersten Rotpunktbegehung der »Salathé«-Route durch den 1000 Meter hohen Wandabbruch des El Capitan. Manche nennen sie die »schönste Kletterroute der Welt«; Zaks Bilder vermitteln Insidern – alle anderen werden es nicht verstehen – eine Ahnung davon, warum der Superlativ möglicherweise sogar stimmt. Der Schwindel erregende Tiefblick auf das Menschlein Alexander Huber wurde in vielen Magazinen und Büchern in aller Welt veröffentlicht.

Aus seinen vielen Reisen zu Felsen und Kletterern auf aller Welt entstand 1995 das Buch »Rock Stars«. Diese 78 Porträts der »weltbesten Freikletterer« sind ebenso wie der 1987 erschienene Klassiker »High Life« eine fotografische Dokumentation über die großen Sportklettergebiete weltweit, Fotokunst und Nachschlagewerk in einem.

Nur Chronist zu sein, das ist Heinz Zak freilich zu wenig. In den Annalen des Bergsteigens steht er beispielsweise als der erste Österreicher, dem eine freie Begehung am El Capitan gelang (»Freerider« 5.13a). Zwei Mal fand er schon den Weg ins Mekka des modernen Extremalpinismus, nach Patagonien. 1999 glückte ihm mit Peter Janschek die dritte Begehung der extremen Route »Royal Flush« am Fitz Roy, und Anfang 2000 kletterte er zusammen mit Janschek und Elmar Sprenger unter schwierigen Verhältnissen auf den Cerro Torre.
Das wilde Leben hat er frei gewählt, nichts davon ist aufgesetzt. Und doch: Bei aller Intensität des Seins umgibt den Menschen Heinz Zak mit allem, was er tut, eine seltsame Gelassenheit. »Ich war immer auf der Sonnenseite«, sagt er. Er musste auf seinem Weg keine Brücken hinter sich abbrechen. Er folgte nicht ohnmächtig irgendeinem romantischen Impuls. Er traf aber auch keine wohl überlegte Entscheidung.

1984 nahm er sein erstes Karenzjahr als Hauptschullehrer und 1986, um intensiv an seinem großen Karwendelbuch zu arbeiten, das zweite. Weitere zwei Jahre später wusste er schließlich, was er konnte – und tat, was er wollte. Er ließ das Beamtenleben im Tal zurück, um sich in Zukunft allein den Dingen zu widmen, die ihm am meisten Freude machten: dem Klettern und Fotografieren. Es war nur noch ein sehr kleiner Sprung und das Wasser nicht kalt, sondern angenehm temperiert. Der Schuldirektor hatte ihm die Karenz sozusagen auf unbestimmte Zeit verlängert. Hätte Lehrer Zak mit Klettern und Fotografieren seinen Lebensunterhalt nicht verdienen können – nun, dann wäre er eben wieder vor seine Schüler getreten. Die Wahrscheinlichkeit dafür ist gering.

»Ich mache nur, was mir Spaß macht«, sagen viele; Heinz Zak lebt sein Motto tatsächlich mit großer Konsequenz. Die vielen Reisen kosten Geld, also lebt er zu Hause mit Frau Angelika und Sohn Martin sparsam. Die enge Wohnung in Scharnitz, zwischen Karwendel und Wettersteingebirge, ähnelt einem Künstler-Loft so wenig wie die Biwakschachtel auf der Laliderer Spitze dem Fünf-Sterne-Hotel im benachbarten Seefeld. Kein schickes Mobiliar, keine Designerstücke lenken ab vom Rucksack an der Garderobe. In diesen vier Wänden wohnt das Draußen. Sein Archiv ist ein legendäres Chaos: »Schau's lieber nicht an!«, warnt er Besucher und hält die Tür verschlossen. Alles soll besser werden, wenn endlich das neue Haus steht, in dem die Zaks ab 2002 wohnen wollen, einen Steinwurf vom alten Heim entfernt. Dann wird auch Angelika, die ihrem Mann durch alle Jahre mit ungebrochenem Vertrauen gefolgt ist, mehr Platz haben. Dann wird sie sich nicht länger hinter den kleinen Schreibtisch zwischen Herd

Heinz Zak, Coyote Butte, Arizona, USA

und Spüle zwängen müssen, um die Buchhaltung zu erledigen. Und der Computer, an dem sie ihre Layouts entwirft, wird nicht wie jetzt zwei Meter weiter neben einem Küchenschrank im Weg stehen.

Vielleicht sind seine Motive ja deshalb so aufgeräumt: weil er das Drinnen nicht hinauslässt. Oder, um es so zu sagen, weil er lieber vor seiner eigenen Tür kehrt. Das Teleobjektiv ist sein Besen. Oder das starke Weitwinkelobjektiv, das alles, was nicht hierher gehört, so weit nach hinten fegt, dass man es nicht mehr erkennt. Will er zum Beispiel den Sonnenuntergang an der Roten Flüh im Tannheimer Tal totografieren, stört ihn der große Holzeinschlag in der Flanke gleich unter den Felsen. Also zoomt er ihn weg. Oft ist unserer Tage was im Bild, das stört: Kahlschläge, Forststraßen, Parkplätze, hässliche Häuser, Strommasten, Telefonleitungen, Tankstellen. Das Auge am Sucher, ordnet Heinz Zak die Welt, indem er sie in Stücke schneidet. Rücksichtslos, doch ohne zu zerstören, schafft er die Landschaft, wie sie ihm am besten gefällt: rein und klar, gleichzeitig voller Zauber und Geheimnis, ein Spiegel seiner Sehnsucht.

Den unbedingten Anspruch an sich selbst hat er behalten, doch die Kompromisslosigkeit ist erwachsen geworden. Jetzt fotografiert Heinz Zak auch Berge und sogar Hütten, an denen er früher vorbeigelaufen wäre. Nicht weil er schwache Motive jetzt besser fände als vorher, sondern weil Redaktionen und Fremdenverkehrsverbände ihn darum bitten und weil er damit keine Probleme hat. Ohne Herablassung begegnet der Extreme dem Gewöhnlichen, als Bergsteiger wie als Fotograf. »Das Wort Zynismus hat in meinem Leben keinen Platz«, sagt er und grüßt freundlich die Wanderer, die nicht wissen, wer ihnen da entgegenkommt.

Einmal begleitete ich ihn auf einer »Diensttour« in den Tannheimer Bergen. Ein Hotelier aus dem Tal hatte ihn beauftragt, Fotos für einen großen Bildband über die heimatliche Bergwelt aufzunehmen, ohne inhaltliche Vorgaben, ohne Termindruck – ein Traumjob. Das Risiko für den Hotelier war gering; indem er ihm alle Freiheiten ließ und nicht auf Abgabe drängte, wusste er, dass Heinz Zak sein Bestes geben würde. Ein Bett im teuersten Hotel war stets für den Fotografen bereit. Doch der benutzte es nie, weil er am Berg war, wenn zum Diner die Kerzen leuchteten oder fürs Frühstücksbüfett gedeckt wurde.

Wir wanderten auf dem Höhenweg vom Füssener Jöchle zum Aggenstein. Der kristallene Föhnhimmel des Morgens hatte sich mit dünnen Schichtwolken bezogen. Matt und farblos, wenn auch seltsam klar standen die Bergflanken unter dem weißen Gleißen. Heinz zuckte mit den Achseln, keine Spur von Ärger war ihm ins Gesicht geschrieben. Es war schön, im Gebirge zu sein. Mitten im Gespräch verstummte er plötzlich und blieb stehen – ein Jäger, der Witterung aufnimmt. Ich folgte seinem Blick und sah am Horizont die schöne Pyramide des Hochvogel. Darunter, im Vordergrund breitete sich eine flache Almwiese aus, gesäumt von einer Reihe umgefallener Baumstämme und einigen dürren Fichten. Zwischen den Bäumen war ein kleines Stück vom Vilsalpsee zu erkennen. Heinz überlegte, dann sagte er »Nein«, und wir gingen weiter. Zwei Stunden später, zurück vom Aggenstein, blieb Heinz an derselben Stelle wieder stehen. Blickte Richtung Hochvogel. Überlegte. Packte Stativ und Kamera aus, baute auf, stellte ein und ließ mich durch den Sucher schauen. Jetzt sah ich das Bild. Kein Hochvogel war darauf, kein Streifen Himmel. In seltsamer Plastik stand das Spalier der Fichten über ihrem unheimlichen Spiegelbild, den toten Stämmen. Zwischen den Lebenden, vom Teleobjektiv herangeholt, glitzerte das Wasser des Vilsalpsees. Jetzt spiegelte es die Sonne.

Die Technik

Eines seiner bekanntesten Kletterbilder, veröffentlicht in Kalendern und in seinem ersten, Aufsehen erregenden Buch »High Life« (1987), ist vielleicht sein untypischstes. Heinz Zak hatte den sächsischen Kletterer Jörn Beilke in der Route »Pferdefuß« (Xb) am Teufelsturm im Elbsandsteingebirge fotografiert: einen kleinen Menschen mit blauer Hose und rotem Pulli, die Arme weit ausgebreitet an der atemberaubenden Kante, die das Bild längs der Mitte teilt. Im Hintergrund, rechts, über der Wald- und Wiesenlandschaft, dämmert der Abend so schön, dass man es nicht glauben will ... Tatsächlich hat der Fotograf die zarten Wolken am Himmel einkopiert und so ein Bild geschaffen, das man sicher länger anschaut als das unmanipulierte Original. Ein Lithograf hatte ihn zum Tricksen angeregt, und Zak, ohne rechte Begeisterung, war darauf eingegangen. Das Bild hat ihn immer wieder verfolgt. Weil er weiß, wie es entstand, ist es ihm persönlich aber nie wichtig gewesen. »Ich mache so etwas nicht mehr«, sagt er – und fügt an, dass der Schwindel mit dem Himmel trotz allem vergleichsweise milde ausgefallen sei: »Jeder, der einen Polfilter benützt, verändert damit die Wirklichkeit stärker!«

Die »absolute« Wahrheit in der Fotografie ist – ein Mythos. Viele Wahrheiten gibt es, und eine davon ist die Freiheit des Blicks. Nehmen wir ein anderes, oft veröffentlichtes Motiv aus dem heimatlichen Karwendelgebirge: Ein Wasserfall wischt über die Felsen, den Vordergrund bestimmen Gras und farbiges Herbstlaub. »Fast wie arrangiert«, möchte man beim Anblick der roten Ahornblätter meinen. Zu Recht: Heinz Zak hat sie so hingelegt, wie sie ihm am besten gefielen ...

Er macht kein Geheimnis daraus, ist konsequent ehrlich, wie auch die Haltung, die zu solchen Bildern führt, von großer Konsequenz zeugt. Sieht er eine Berglandschaft, ist er gefangen von ihrer Schönheit. Im Sucher bestimmt er den Ausschnitt, manipuliert zum ersten Mal. Rückt er dann noch, weil es so besser aussieht, das abgefallene Laub zurecht, hat er der Schöpfung keine Gewalt angetan und seiner Kunst einen Dienst erwiesen – so wie der Maler, der diese Wolke hierhin schiebt und jenen Baum dorthin stellt. Was man nicht mit Bequemlichkeit verwechseln darf: Es ist nicht der einfache Weg, den er zum schönen Bild zurücklegt. Man muss Heinz Zak bei der Arbeit im Gelände erleben. Man muss sich vor allem vorstellen, welcher Aufwand hinter seinen spektakulären Kletterbildern steckt. Für viele der berühmten Aufnahmen stützte er sich mit Stelzen aus Aluminium mehrere Meter von der Wand ab. Sind die Motive im »Kasten«, muss er sich mit rund zehn Kilogramm Gewicht am Körper mit Hilfe von Steigklemmen wieder hinaufarbeiten. Für die berühmten »Salathé-Fotos« seilte er sich vom Gipfel 200 Meter tief ab. Auch wenn er die Stützen dabei nicht benötigte, da er auch ohne sie weit genug vom Fels entfernt hing – das Seil hatte er 80 Meter höher fixiert –, war der Effekt in jedem Fall derselbe: Der Betrachter sieht nicht nur die Tiefe, sondern er erhält einen atemberaubenden Eindruck der Ungeheuerlichkeit Stein, die den Kletterer Alexander Huber von dieser Tiefe trennt. Was man nicht sieht: Wie der Fotograf an diesem Tag mehr als acht Stunden lang 1000 Meter hoch über dem Boden am Klettergurt frei in der Luft hing; wie der Wind unablässig an ihm zerrte und ihn drehte; wie er am Ende die 200 Meter wieder hinaufjümaren musste.

Seine Kleinbildausrüstung können viele Amateure mit einem Lächeln quittieren. Heinz Zak verwendet Gehäuse der oberen Mittelklasse, meist in Verbindung mit Zoomobjektiven. Jeglicher Festbrennweiten-Dünkel liegt ihm fern, und auch zu Fremdfabri-

Heinz Zak in Sardinien

katen hat er eine undogmatische Einstellung: Er testet sie im Gelände gegen die Originalobjektive und wägt ab. So versteckt sich die bei Profis beliebte Extrem-Brennweite 15 Millimeter bei ihm in einer Fassung, auf der »Sigma« steht. Dafür hat er rund 1500 Mark bezahlt. Die entsprechende Nikon-Optik kostet etwa 4000 Mark. Mit so viel Geld kann man viel reisen. Doch nicht nur deshalb käme Zak niemals auf den Gedanken, andere mit seinen Gerätschaften zu beeindrucken. Er betrachtet Kameras und Objektive als Arbeitsgeräte, die kein Aufhebens wert sind, solange sie funktionieren. Es ist das Privileg der Amateure, mehr darin zu sehen. Umso öfter wundert sich der »echte« Profi über ehrgeizige Hobbyfotografen, die viele tausend Mark in ihre Ausrüstung stecken, um später die belichteten Filme zum Drogeriemarkt zu tragen. Heinz Zak fotografiert ausschließlich mit Profi-Diafilmen, aber er weiß: Das »Professional« auf der Filmdose genügt noch lange nicht. Viel entscheidender für die Qualität der Bilder ist die sorgfältige Entwicklung in einem guten Fachbetrieb. Warum also ausgerechnet daran sparen ...

Vielleicht schickt Zak ja weniger Filme ins Labor als manche seiner Kollegen. Vielleicht hat ihn die »Zweitkamera«, die Linhof, dazu gebracht. Jede Aufnahme mit der Großformatkamera – Format 9 x 12 Zentimeter – kostet zehn Mark. So genau er das Bild auf der Mattscheibe komponiert, so konzentriert liest er den Messwert am Handbelichtungsmesser ab. Der sorgfältige, konzentrierte Umgang mit der sperrigen Technik hat auch Einfluss auf die »Brotarbeit« mit der Kleinbildkamera. Belichtungsreihen, wie sie die meisten modernen Kameras auf Wunsch automatisch runterrattern, fotografiert Heinz Zak nicht. Das ewig gleiche, immer spannende Spiel mit Zeit und Blende gewinnt man in seinen Augen vor allem durch Überlegung, nicht durch hilfloses Tastendrücken.

Denn wenn er auch gern mit dem Amateurhaften kokettiert, bei schwierigsten Bedingungen lässt Zak den Meister raus. »Schwierig« oder »extrem« bedeuten in der Fotografie und beim Bergsteigen nicht immer dasselbe. Um das zu zeigen, führt er bei einem Workshop seine Gruppe nachmittags auf eine grüne Bergwiese bei Gleins, hoch über dem Eingang ins Stubaital. Die mächtige, so oft fotografierte Pyramide der Serles steht als unbestimmte graue Masse im Dunst. Darüber zähes, helles Gewölk. »Grausig, gell!« Heinz Zak ist zufrieden: »Ihr fotografiert mir jetzt die Serles!« Zögernd bauen die Schüler die Stative auf, der Lehrer lächelt. Etwas später führt er die Gruppe von Kamera zu Kamera, und entwickelt so, gleichsam im Vorübergehen, beim Blick durch den Sucher und auf das vermeintlich so fade Motiv einen Leitfaden für die Landschaftsfotografie überhaupt. Einige haben es instinktiv richtig gemacht und zum starken Weitwinkel gegriffen: Das rückt das strukturlose Grau des Berges – in Zakscher Diktion eine »tote Fläche, die Löcher ins Bild reißt« – in weite Ferne und betont das helle, frische Grün der Wiese in nächster Nähe. Und sie verstärkt die Perspektive der Diagonalen aus Weg, Zaun und Büschen, die mitten durchs Bild führt. Erstaunlich gut sieht das aus im Sucher!

Bleibt das Problem mit der Belichtung. Dieses zu demonstrieren, misst er mit der Kamera am Auge die Verteilung der Helligkeit im Bild. Was ebenso rasch wie präzise geschieht, denn Zak hat die Automatik in der Landschaftsfotografie ständig abgeschaltet und die Kamera auf Spotmessung eingestellt. Mit dem kleinen Messkreis peilt er die helle Wiese an, den dunklen Wald, die dunstige Bergflanke, die gleißenden Wolken. Vier Blenden Unterschied. Hier ist jede Kameraautomatik überfordert und jedes Dia-Filmmaterial. Und die Fotoschüler erkennen, welch trügerische Sicherheit die scheinbar so bequeme Mehrfeldmessung vorgaukelt, indem sie auf nicht nachvollziehbare Weise vier unterschiedliche Werte zu einem einzigen verrechnet. Auch das »automatische Bild« wäre vielleicht nicht völlig missraten. Dass es jedoch die Stimmung wiedergeben würde, die der Fotograf zu sehen wünscht, wäre eher unwahrscheinlich oder eben reine Glückssache. Gute Fotografie ist aber kein Glücksspiel. Der Mensch muss die Kamera beherrschen, nicht umgekehrt. Er allein kann bei so schwierigen Lichtverhältnissen entscheiden, welche Bildelemente Zeichnung haben sollen und welche nicht.

Vieles verrät der Meister seinen Schülern noch über das Handwerk des Licht-Bildens. Am Ende gibt er ihnen Hinweise zur Motivauswahl mit auf den Weg, die den Blick wieder über Zeit und Blende erheben. Fotografiert nicht nur Landschaft, sagt er. Nützt das Medium, indem ihr auch das vermeintlich Harmlose, Belanglose festhaltet. Fotografiert die Menschen, die mit euch gehen. Vergesst nicht auf der Jagd nach dem perfekten Bild im Gebirge, dass ihr wirklich da gewesen seid. Legt die Bilder von der »tollen« Tour dem Partner vor, der nicht mit dabei war, ehe ihr sie anderen zeigt. Und seid nicht gleich enttäuscht, wenn niemand eure Begeisterung teilt. Heinz Zak ist auch deshalb ein Profi, weil er gelernt hat: Das Herz, das für die Berge schlägt, sitzt in der Brust; im Diarahmen steckt nur ein Stück Film.

Vollmondnacht im Föhnsturm auf der Pleisenspitze im Karwendel,
München im Hintergrund

Mein Schatten mit Alexander Huber, »Salathé«, El Capitan, Yosemite National Park

Kletterfotografie

Dieser junge Teilbereich der Fotografie hat sich erst in den letzten 25 Jahren entwickelt. Die Qualitätsansprüche in Fachmagazinen und in der Ausrüstungsindustrie sind seither erheblich gestiegen. Die alte Perspektive »von unten nach oben«, bei der ein Mitkletternder schnell mal auf den Auslöser gedrückt hat, um das Erlebnis nebenbei zu dokumentieren, genügt heute nicht mehr. Ein Kletterfotograf muss teilweise einen großen Aufwand betreiben. Um Tiefe, Ausgesetztheit oder eine beeindruckende Linie richtig ins Bild zu setzen, befinde ich mich fast immer oberhalb, seitlich oder seitlich oberhalb des Kletterers, um die Aktion (die sich auch in seinem Gesichtsausdruck spiegelt) ansprechend festhalten zu können. Leider kann der Kamerastandpunkt in einer senkrechten oder überhängenden Wand nicht so leicht verändert werden. Um die Bilder am El Capitan, einem 1000 Meter hohen, senkrechten Wandabbruch im kalifornischen Yosemite Valley, zu machen, bin ich die ganze Wand am Fixseil hinaufgestiegen, oder ich habe mich vom Gipfel wieder 200 bis 300 Meter abgeseilt, um an die gewünschte Stelle zu gelangen. Dann gilt es, immer wieder am Seil aufzusteigen oder abzuseilen, um möglichst verschiedene Perspektiven von einer attraktiven Seillänge zu erhalten. Bei solchen Fotoarbeiten hänge ich oft acht bis neun Stunden ununterbrochen im Klettergurt. An meine Schuhe montiere ich Teleskopstöcke, die es mir ermöglichen, eine Art »Vogelflugperspektive«, etwas abgerückt vom Fels, einzunehmen. Obwohl ich natürlich möglichst wenig Ausrüstung dabeihaben möchte – ich muss sie ja tragen –, will ich auf lichtstarke Zoomobjektive (2,8/17–35 Millimeter, 2,8/80–200 Millimeter) sowie ein Blitzgerät zum Aufhellen der Schatten nicht verzichten.

Heinz Zak

Mein bedeutendstes Kletterbild: Alexander Huber in der Headwall der »Salathé«-Route, El Capitan, Yosemite National Park, Kalifornien, USA

Bild rechts und oben: »Bellavista« an der Westlichen Zinne, Dolomiten, Italien – weltweit die erste alpine Route im 11. Grad. Einen Meilenstein des Alpinismus setzte Alexander Huber durch die Erstbegehung der Route im Alleingang im Winter (9–/A4) sowie durch die erste freie Begehung am 18. Juli 2001. Abgesehen von den Standplätzen ist die Route nur mit Normalhaken abgesichert.

Dean Potter bei der Solobegehung der Half-Dome-Nordwestwand (7/A2), Yosemite National Park, Kalifornien, USA

Kurze Rast in der Wand

Dean Potter, Balanceakt am Lost Arrow, Yosemite National Park, Kalifornien, USA ►

Jerry Moffatt free solo in seiner Route »Ulysses«, (E6/6b), Stanage, Großbritannien

◄ *Simon Nadin in »Thing on a Spring«, (E6/7a), Peak District, Großbritannien*

Egon Netzer und Florian Schranz in »Eisspur«, Renkhütte, Tirol, Österreich

Alan Mullin in »Holidays from Ice«
(M8/8), Rudolfshütte, Österreich

Cerro Torre bei Sonnenaufgang, Patagonien, Argentinien (Aufnahme ohne Filter!)

Am 20. Februar 2000 kletterten Peter Janschek, Elmar Sprenger und ich über die Kompressor-Route bis auf den Gipfeleispilz des Cerro Torre. Die Nacht zuvor verbrachten wir im Sturm, auf einer 10 Zentimeter breiten Eisleiste stehend.

Peter Janschek im Sturm in der Gipfelwand

Elmar Sprenger in den Eistürmen

Sieben Stunden langes Stehbiwak in der Gipfelwand

Route »Royal Flush« (9. Grad) am Fitz Roy, Patagonien, Argentinien: Mit Peter Janschek gelang mir im Februar 1999 die dritte Begehung dieser 1300 Meter hohen, senkrechten Wand. Fast jede der 35 Seillängen lag im 8. Schwierigkeitsgrad. Besonders dramatisch war die stundenlange Abseilfahrt im patagonischen Sturm.

Peter Janschek in der ersten Seillänge

Peter Janscheks Hände nach der Abseilfahrt

Fitz-Roy-Massiv bei Sonnenaufgang, Patagonien, Argentinien

Stefan Kiechl, Indian Creek Canyon, Utah, USA

»Walfisch«, Antelope Canyon,
Arizona, USA

Baum am Gipfel des El Capitan, Yosemite National Park, Kalifornien, USA

Blaue Gumpe, Wettersteingebirge, Deutschland

Neutraler Grau-Verlauffilter

Das menschliche Auge besitzt die Fähigkeit, enorme Helligkeitsunterschiede auszugleichen. Ein Diafilm schafft das nicht, er kann bei einem Motiv ungefähr eine Differenz von vier Blendenstufen bewältigen; alle Bildteile, die dunkler oder heller sind, werden entweder schwarz wiedergegeben oder so hell, dass keine Zeichnung mehr zu erkennen ist. Mit einem Grau-Verlauffilter können Helligkeitsunterschiede ausgeglichen oder bestimmte Bildteile stärker hervorgehoben werden. Der Verlauffilter ist zur Hälfte in einem möglichst neutralen Grau gefärbt, das die Farbqualität des Bildes nicht verändern sollte, und er wird einfach vor die Frontlinse gehalten. Dabei muss man darauf achten, den Filter nicht an den Metallfassungen des Objektivs zu zerkratzen. Das Aufstecken des Filters in dafür vorgesehene Fassungen ist mir zu umständlich und zu zeitraubend, da ich für jedes Objektiv einen eigenen Adapterring benötigen würde. Die Belichtung messe ich manuell mit Spotmessung durch den vorgehaltenen Filter, um zu überprüfen, wie stark die Helligkeitsunterschiede ausgeglichen werden. Je nach Dichte der verwendeten Filter kann man zu helle Partien um den Faktor eins bis drei (Blendenwerte) abdunkeln; empfehlenswert für den universellen Einsatz ist ein Verlauffilter mit dem Faktor zwei.

Heinz Zak

Bergsee, Annapurna-Gebiet, Nepal

Tuffsteingebilde am Mono Lake, Kalifornien, USA

Mammoth Terraces, Yellowstone National Park, USA

Vernal Fall, Yosemite National Park, Kalifornien, USA ►

Eibsee, Wettersteingebirge, Deutschland

Ahrnspitze, Wettersteingebirge, Österreich

Gegenlicht – direkt in die Sonne

Vom feuerroten Ball bis zum glitzernden Stern – es bietet sich ein breites Spektrum von fotografischen Möglichkeiten, die Sonne ins Bild mit einzubeziehen. In jedem Fall handelt es sich dabei um extreme Gegenlichtaufnahmen. Die Belichtung messe ich in diesen Fällen ausschließlich manuell und in anderen Bildteilen, beispielsweise im blauen oder rosafarbenen Himmel (korrigiert um ca. minus eine Blende). Während die Abbildung der tief stehenden, roten Sonne kaum Probleme bereitet, sind viele Bilder der hoch stehenden Sonne qualitativ ungenügend. Nur ein Fischauge (16 Millimeter) oder extreme Weitwinkel-Festbrennweiten (z. B. 20 Millimeter) zeichnen einen schönen Sonnenstern; viele andere Objektive bilden dagegen störende Reflexe von Linsengruppen ab und sind deshalb ungeeignet. Die Stärke der Lichtreflexe sowie die Schönheit des Sonnensterns sind auch abhängig von der gewählten Blende und der Position der Sonne im Bild. Nur ein Testfilm kann hier weiterhelfen. Die jeweils verwendeten Objektive und die Blendenöffnungen müssen schriftlich festgehalten werden. Und nicht vergessen: Wenn Sie durch den Sucher der Kamera direkt in die Sonne schauen, sollten Sie Ihre Augen unbedingt durch eine sehr dunkle Sonnenbrille schützen.

Heinz Zak

Gehrenspitze, Wettersteingebirge, Österreich

Ama Dablam, Nepal

Lhotse-Südwand, Nepal

Peter Mathis

Seite 12

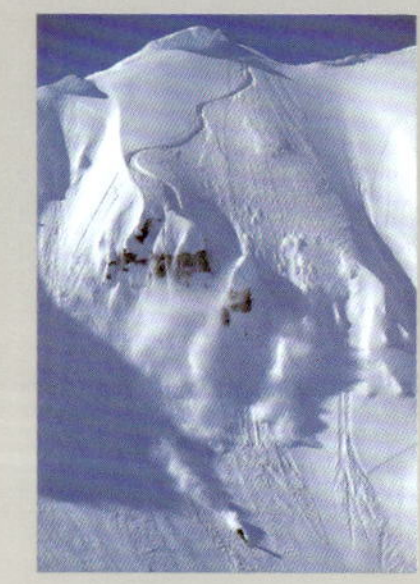

Eric Themel, Coast Mountains, Kanada. Um den Gipfel, den Absprung und die Weiterfahrt nach der Landung im Tiefschnee auf dem Bild zu haben, verwendete ich das 80–200-mm-Zoom-Objektiv bei ca. 100 mm. Da der Snowboarder mit hoher Geschwindigkeit unterwegs war, verwendete ich eine kurze Verschlusszeit.
Nikon F5 KB, 2,8/80–200 mm bei 100 mm, Blende 4, 1/1000 Sek., ISO 50.

Seite 18

The Minarets, Kalifornien, USA.
Um die Bergspitzen im Hintergrund nicht zu klein abzubilden, verwendete ich das Teleobjektiv. Um eine große Schärfentiefe von den Ästen bis zu den Bergen zu erreichen, blendete ich ab auf Blende 22.
Nikon F5 KB, 2,8/80–200 mm bei 135 mm, Blende 22, 1/30 Sek., ISO 50, Stativ.

Seite 19

Am Zwölferkofel, Dolomiten, Italien.
Diese Wolkenstimmung ergab sich innerhalb weniger Minuten. Da ich kein Stativ dabeihatte, musste ich eine offene Blende einstellen, um mittels einer kurzen Belichtungszeit ein Verwackeln zu vermeiden.
Nikon FM2 KB, 2,8/80–200 mm bei 200 mm, Blende 4, 1/500 Sek., ISO 50.

Seite 20

Blue Bird, Colorado, USA.
Den Bildausschnitt hatte ich mittels Stativ eingestellt, um dann darauf zu warten, bis sich einer der herumfliegenden Vögel auf den Baumstrunk niederließ. Ich wählte eine offene Blende, um den Hintergrund schön unscharf zu bekommen.
Nikon F4s KB, 2,8/300 mm, Blende 4, 1/1000 Sek., ISO 50, Stativ.

Seite 21

Scheienfluh, Rätikon, Schweiz. Um die Farbenvielfalt der Felswand wirken zu lassen, musste ich die Seilschaft fotografieren, ehe direktes Sonnenlicht einfiel. Damit die Perspektive für mich perfekt war, kletterte ich etwa 100 Meter schrofiges Felsgelände am gegenüberliegenden Grat ab.
Nikon F5 KB, 2,8/80–200 mm bei 120 mm, Blende 4, 1/250 Sek., ISO 50, Stativ.

Seite 22

Bouldern am Merced River, Yosemite, USA. Um das Wasser des Merced Rivers so bildfüllend wie möglich als Hintergrund zu bekommen, verwendete ich ein 300-mm-Teleobjektiv. Die große Blendenöffnung von 2,8 bewirkt dabei eine zusätzliche Unschärfe im Hintergrund, was den Akteur vom Hintergrund abhebt.
Nikon F5 KB, 2,8/300 mm, Blende 2,8, 1/1000 Sek., ISO 50.

Seite 23

Capucin-Ostwand, Mont-Blanc-Massiv, Frankreich.
Das extreme Weitwinkelobjektiv hielt ich in Draufsicht auf die Seilschaft, um den Felsturm als Hintergrund ins Bild zu setzen. Die blaue Begrenzung, der Schatten am oberen Bildrand, stammt von einem gegenüberliegenden Felsgrat.
Nikon F4s KB, 2,8/20 mm, Blende 8, 1/125 Sek., ISO 50.

Seite 24

Oben: El Capitan, Yosemite, USA.
Die Aufnahme entstand kurz vor Sonnenuntergang. Der dunkle Fels im Vordergrund verleiht dem Bild Tiefe.
Nikon F5 KB, 2,8/17–35 mm bei 35 mm, Blende 5,6, 1/125 Sek., ISO 50, Stativ.
Rechts: Tom Huber, El Capitan, Yosemite, USA.
Um die schattige Felsrampe als Hintergrund zu bekommen, verwendete ich das Teleobjektiv. Der herausschwingende Fuß verleiht dem Bild eine gewisse Dynamik.
Nikon F5 KB, 2,8/80–200 mm bei 150 mm, Blende 4, 1/500 Sek., ISO 50.

Seite 25

Alex und Tom Huber, El Capitan, Yosemite, USA.
Um den schattigen Hintergrund schön dunkel zu bekommen, stellte ich die Belichtung auf die von der tief stehenden Sonne gelblich beleuchtete Felswand ein. Auch hier bringt die greifende Hand Dynamik ins Bild.
Nikon F5 KB, 2,8/80–200 mm bei 80 mm, Blende 2,8, 1/500 Sek., ISO 50.

Seite 26

Sturz, Löwenzähne, Vorarlberg, Österreich.
Da die Sonne schon verschwunden war, verwendete ich einen Aufhellblitz. Nachdem ich Blende und Zeit nach dem Bildhintergrund ermittelt hatte, stellte ich manuell den Blitz dazu ein. Dieses Bild entstand, als es noch kein Blitzen auf den zweiten Verschlussvorhang gab. Das heißt, der Blitz kam am Beginn der 1/15 Sekunde auf den Kletterer. Durch die schnelle Bewegung des stürzenden Kletterers und die lange Belichtungszeit ergaben sich die fremdartigen Unschärfen am Kletterer.
Nikon F3 KB, 1,2/50 mm, Blende 16, 1/15 Sek., Aufhellblitz 1. Verschlussvorhang, ISO 100.

Seite 27

Rusutsu, Hokkaido, Japan.
Die Belichtungszeit von 1/15 Sekunde ergab sich durch das gelbliche Flutlicht von der Seite. Um den Snowboarder von vorne zu beleuchten, verwendete ich das Blitzlicht auf dem zweiten Verschlussvorhang. Deshalb erscheint alles vom Blitz beleuchtete in kalten Farben und das seitliche Licht gelb. Die Unschärfen des fliegenden Schnees ergaben sich durch die relativ lange Belichtungszeit.
Nikon F4s KB, 1,8/85 mm, Blende 2,0, 1/15 Sek., Aufhellblitz 2. Verschlussvorhang, ISO 100.

Seite 28

The Books, Alaska, USA.
Um die weit entfernte Bergkette der Books näher heranzuholen, verwendete ich ein 300-mm-Teleobjektiv. Da ich kein Stativ zur Verfügung hatte, belichtete ich mit 1/500 Sekunde. Die dafür nötige offene Blende war kein Problem, da kein Vordergrund auf dem Bild ist, der Schärfentiefe verlangen würde.
Nikon F5 KB, 2,8/300 mm, Blende 5,6, 1/500 Sek., ISO 50.

Seite 29

Peter Bauer, Chugach Mountains, Alaska, USA.
Um die schöne Gestalt des Berges und die Licht-/Schatten-Grenze am Grat als linke Bildbegrenzung aufs Bild zu bekommen, verwendete ich das Zoomobjektiv auf einer Brennweite von 80 mm. Der kleine Snowboarder mit seiner Pulverschneefahne zeigt die Dimension Mensch-Berg.
Nikon F5 KB, 2,8/80–200 mm bei 80 mm, Blende 4, 1/1000 Sek., ISO 50.

Seite 30

Stian Hagen, Sulden, Südtirol, Italien.
Um die Struktur der herunterhängenden Eiszapfen mit einzubeziehen, verwendete ich das Weitwinkelzoom bei einer Brennweite von 17 mm. Der Skifahrer sprang auf Kommando gerade über mich hinweg.
Nikon F5 KB, 2,8/17–35 mm bei 17 mm, Blende 2,8, 1/1000 Sek., ISO 50.

Seite 31

Jon Orarback, Sulden, Südtirol, Italien.
Schlechtwetter im Wald bedeutet wenig Licht. Deshalb entschied ich mich für bewusste Unschärfe durch Mitziehen auf lange Belichtungszeit. Die halbkreisförmigen Wischspuren stammen vom 17-mm-Weitwinkelobjektiv. Zusätzlich verwendete ich einen Aufhellblitz auf dem zweiten Verschlussvorhang.
Nikon F5 KB, 2,8/17–35 mm bei 17 mm, Blende 16, 1/8 Sek., Aufhellblitz 2. Verschlussvorhang, ISO 50.

Seite 32

Hohe Kugel, Vorarlberg, Österreich.
Um größtmögliche Schärfentiefe zu bekommen, stellte ich das Stativ in den Pulverschnee und neigte die Kamera stark nach vorne, um den Horizont abzuschneiden und die Schneehügel so dominant wie möglich ins Bild zu setzen.
Nikon F4s KB, 2,8/20 mm, Blende 22, 1/30 Sek., ISO 50, Stativ.

Seite 33

Tommy Brunner, Erzberg, Arlberg, Österreich.
Um das Umfeld stark zu verdichten, entschied ich mich für das 300-mm-Teleobjektiv. Nachdem ich mit dem Snowboarder die Abfahrtslinie genau besprochen hatte, stieg er zum Gipfel auf und fuhr auf Kommando mittels Funkgerät los. Die Pulverschneewolke unterhalb stammt vom oberen Schwung.
Nikon F5 KB, 2,8/300 mm, Blende 4,0, 1/1000 Sek., ISO 50.

Seite 34

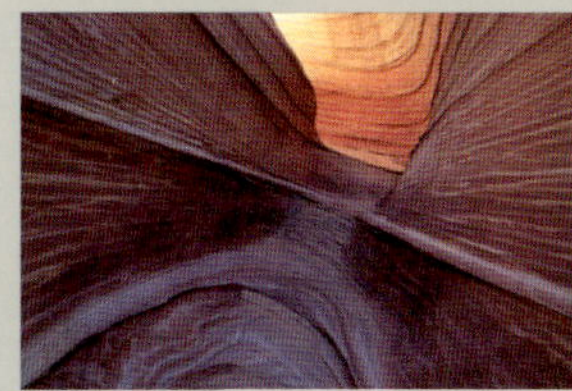

»Cosmic Balance«, Utah, USA.
Um große Tiefe zu erreichen und alle Linien mit in den Bildaufbau einzubeziehen, verwendete ich auf Großformat 4 x 5 inch ein 65 mm Weitwinkelobjektiv (entspricht 20 mm bei KB) sowie eine Rollfilmkassette 6 x 9 cm. Das rötliche Licht stammt von einer Reflexion der gegenüberliegenden Felswand. Auf die Aufnahme fällt kein direktes Sonnenlicht.
Sinar F1 Großformat, 4,5/65 mm, Rollfilmkassette 6 x 9 cm, Blende 32, 1 Sek., ISO 50, Stativ.

Seite 35

Midway Summit, Utah, USA.
Um den abgeknickten Birkenast aufs Bild zu bekommen, verwendete ich auf einer Großformatkamera ein 65-mm-Weitwinkel (entspricht 20 mm bei KB). Um die nötige Schärfentiefe zu erreichen, wendete ich Schärfenausgleich nach Scheimpflug an.
Sinar F1 Großformat, Blende 4,5/65 mm, Blende 32, 1/2 Sek., ISO 50, Stativ.

Seite 36

»Wasserwald«, Yosemite, USA.
Um die gewünschte Schärfentiefe zu erreichen, war eine kleine Blende und damit eine lange Belichtungszeit von einer Sekunde nötig. Aus diesem Grund erscheint das 90 Grad zur Kamera fließende Wasser als weiche weiße Masse. Interessant: die scharf abgebildeten Steine und der Wald im Hintergrund.
Sinar F1 Großformat, 5,6/90 mm (entspricht 28 mm bei KB), Blende 22, 1 Sek., ISO 50, Stativ.

Seite 37

Buckskin Gulch, Utah, USA.
Da in diesem Canyon kein Sonnenlicht vorhanden war und ich eine kleine Blende einstellte, ergab sich eine relativ lange Belichtungszeit. Dies erkennt man an der Unschärfe der vom Wind bewegten Blätter.
Sinar F1 Großformat, 5,6/90 mm, Blende 22, 1 Sek., ISO 50, gepusht. Stativ.

Seite 38

Oben:
Coyote, Colorado, USA.
Mitte:
Bisons, Yellowstone, USA.
Unten:
Elch, Grand Teton, USA.
Alle Aufnahmen machte ich mit einem 300-mm-Teleobjektiv bei offener Blende. Damit wurden der Coyote und der Elch vor unscharfem Hintergrund abgebildet und die weit entfernten Bisons optisch näher herangeholt.
Nikon F4s 2,8/300 mm, Blende 2,8, kurze Belichtungszeit, ISO 100.

Seite 39

Mammoth Hot Springs, Yellowstone, USA.
Um die toten Bäume im Vordergrund und die Sinterterrassen scharf zu bekommen, verwendete ich eine kleine Blende. Da der Bildausschnitt für die weit entfernten Objekte bei der normal bestückten Großformatkamera zu groß wäre, benützte ich die 6 x 9-cm-Rollfilmkassette; damit füllen die entfernt gelegenen Hauptobjekte das Bild besser aus.
Sinar F1 Großformat, 6,8/360 mm, Rollfilmkassette 6 x 9 cm, Blende 32, 1 Sek., ISO 50, Stativ.

Seite 40

»Eisrinde«, Oregon.
Um die in die Eisschicht eingefrorenen Flechten auf der Baumrinde groß genug abbilden zu können, verwendete ich ein 55-mm-Makroobjektiv. Um genug Schärfentiefe zu erreichen, blendete ich ab auf Blende 11.
Nikon F4s, 2,8/55mm Makro, Blende 11, 1/30 Sek., ISO 50, Stativ.

Seite 41

Sierra Nevada, Kalifornien, USA.
Das Motiv mit der grünen Tanne, dem Herbstlaub und dem Neuschnee hatte einen besonderen Reiz, weil gerade kein Sonnenlicht darauf fiel. Um das weit entfernte Motiv mit der Großformatkamera aufnehmen zu können, verwendete ich das 360-mm-Objektiv (entspricht 120 mm bei KB) in Kombination mit der 6 x 9-cm-Rollfilmkassette (was eine Konzentration des Ausschnitts auf das entfernt gelegene Objekt bewirkt).
Sinar F1 Großformat, 6,8/360 mm, Rollfilmkas-sette 6 x 9 cm, Blende 22, 1/8 Sek., ISO 50, Stativ.

Seite 42

Rappenlochschlucht, Vorarlberg, Österreich.
Um trockenen Fußes vom Ufer aus dieses Eisdetail fotografieren zu können, verwendete ich auf der Großformatkamera das 360-mm-Objektiv (entspricht 120 mm bei KB). Um genügend Schärfentiefe zu bekommen, wendete ich den Schärfenausgleich nach Scheimpflug an.
Sinar F1 Großformat, 6,8/360 mm, Blende 32, 1/4 Sek., ISO 50, Stativ.

Seite 43

Antelope Canyon, Arizona, USA.
Die intensiven Farben stammen von Reflexionen der umliegenden Canyonwände. Um den ganzen Steinbogen aufs Bild zu bekommen, benutzte ich ein 65-mm-Weitwinkel (entspricht 20 mm bei KB) auf der Großformatkamera. Die nötige Schärfentiefe erreichte ich durch Abblenden auf Blende 32.
Sinar F1 Großformat, 4,5/65 mm, Blende 32, 8 Sek., ISO 50, Stativ.

Seite 44

»Pyramid«, Death Valley, USA.
Schon bei Dunkelheit marschierte ich los zum höchsten Punkt in den Sanddünen des Death Valley. Dieses Bild machte ich etwa zwei Minuten nach Sonnenaufgang. Um die pyramidenartige Form der Düne als Motiv ins Bild zu rücken, verwendete ich ein 300-mm-Teleobjektiv.
Nikon F4s, 2,8/300 mm, Blende 11, 1/30 Sek., ISO 50, Stativ.

Seite 45

»Spotlight«, Death Valley, USA.
Als plötzlich die Sonne durch ein Wolkenloch auf die Dünen schien, war Eile geboten. Ich packte schnellstmöglich mein Teleobjektiv aus und montierte es aufs Stativ.
Nikon F4s, 2,8/300 mm, Blende 8, 1/60 Sek., ISO 50, Stativ.

Die wichtigsten Werke von Peter Mathis:

- *Vorarlberger Impressionen, 1993*
- *Tirol – ein starkes Land, 1995*
- *Sportklettern in den Alpen, 1996*
- *Steile Welt – Impressionen aus den Alpen, 2000*

Bernd Ritschel

Seite 49

Abstieg vom Mount Hunter, Alaska, USA. Trotz Erschöpfung und Temperaturen von weit unter –20 Grad Celsius machte ich während des Abstiegs vom Mount Hunter noch ein paar Aufnahmen. Zum Glück war ich gerade Seilletzter, denn ohne Personen wäre diese Aufnahme nur halb so gut.
Canon F1N KB, 3,5/20–35 mm L bei 24 mm, Blende 11, 1/125 Sek., Fujichrome ISO 100.

Seite 56

Marmolada, Dolomiten, Italien.
Die sehr lange Brennweite verdichtet die Distanz zwischen den Kämmen, das Bild wirkt dadurch sehr zweidimensional. Die Aufnahme erfolgte vom Stativ mit Selbstauslöser (2 Sek. Vorlaufzeit) und Spiegelvorauslösung, um die Vibration des Spiegelschlags zu reduzieren.
Canon EOS 1N KB, 5,6/400 mm L, Blende 16, 1/15 Sek., Fuji Velvia ISO 50, 1,4fach-Konverter, Stativ.

Seite 57

Fünffingerspitze, Dolomiten, Italien.
Die dunklen Wolken einer abziehenden Gewitterfront verstärkten eindrucksvoll den Kontrast zum sonnenbeschienenen Fels der Fünffingerspitze in den Dolomiten. Um derartige Lichtsituationen einzufangen, muss man zur richtigen Zeit am richtigen Ort sein. Dazu braucht man neben etwas Glück ein gutes Gespür für das Wetter.
Canon EOS 3 KB, 4/300 mm L, Blende 11, 1/8 Sek., Fuji Velvia ISO 50, Stativ.

Seite 58

Hohe Tauern und Großglockner, Österreich.
Bizarre Föhnwolken jagen über die Hohen Tauern. An Fotografieren vom Stativ ist nicht zu denken. In den Schnee gekauert mache ich einige Belichtungsreihen. Erst zu Hause auf dem Leuchttisch zeigte sich, daß die 1/125 Sekunde im Föhnsturm ausreichte, um nicht zu verwackeln.
Contax Aria KB, Vario Sonnar T 3,5–4,5/ 28–70 mm bei 50 mm, Blende 8, 1/125 Sek., Fuji Velvia ISO 50.

Seite 59

Geiselstein und Gabelschrofen, Ammergauer Alpen, Deutschland.
Auch typisch sommerliches, diesiges Wetter kann seine Reize haben. Mit der Brennweite von 210 mm war es möglich, einen fotogenen Ausschnitt herauszulösen. Bei gleicher Blickrichtung wäre eine Weitwinkelaufnahme nur durchschnittlich gewesen.
Canon EOS 5, KB, 3,5–4,5/70–210 mm bei 210 mm, Blende 11, 1/60 Sek., Fuji Velvia ISO 50, Stativ.

Seite 60

Serfauser Heuberg und Ötztaler Alpen, Österreich.
Eine winterliche Inversionslage bescherte mir Talnebel und darüber wolkenlosen Himmel. Genau im rechten Winkel zur tief stehenden Sonne spielte ich mit den verschiedenen Wirkungen des Polfilters. Eigentlich verwende ich ihn nur selten in seiner stärksten Form, aber Ausnahmen bestätigen die Regel: In diesem Fall gefällt mir die Farbintensität in Kombination mit dem dramatisch abgedunkelten Himmel sehr gut.
Canon EOS 1V KB, 4,5–5,6/100–400 mm L IS bei 200 mm, Blende 11, 1/15 Sek., Fuji Velvia ISO 50, Polfilter, Stativ.

Seite 61

Piz Palü, Bernina, Schweiz.
Ich wollte schon fast weitergehen, da lichteten sich binnen kürzester Zeit die Nebel, und der Piz Palü samt Vollmond tauchte über dem Gipfelgrat des Piz Trovat auf. So schnell habe ich wohl selten zuvor das Stativ aufgebaut. Das Schauspiel dauerte jedoch nur wenige Minuten, dann verschluckten mich wieder die Wolken.
Canon EOS 1V KB, 2,8/17–35 mm L bei 35 mm, Blende 4, 1/2 Sek., Fuji Sensia ISO 100, Stativ.

Seite 62

Herbstbaum vor Ahornspitze, Zillertaler Alpen, Österreich.
Bezüglich Motiv und Bildaufbau eine sehr klassische Aufnahme! Der Einsatz eines Polfilters verstärkte nicht nur das Blau des Himmels, sondern auch das Leuchten der Grün- und Gelbtöne im Vordergrund. In Kombination mit dem Fuji Velvia ergibt sich so Farbintensität pur.
Canon EOS 1N KB, 2,8/17–35 mm L bei 21 mm, Blende 16, 1/30 Sek., Fuji Velvia ISO 50, Polfilter, Stativ.

Seite 63

Friesenbergsee, Zillertaler Alpen, Österreich.
Nur wenige hundert Meter vom überfüllten Friesenberghaus entfernt, hatte ich nicht nur Bergeinsamkeit, sondern auch einen idealen Aufnahmestandpunkt gefunden. Um in den Vordergrund noch Zeichnung zu bekommen, ihn aber gleichzeitig noch glaubwürdig dunkel zu halten, verwendete ich ausnahmsweise einen neutralen Grau-Verlauffilter mit nur einer Blende.
Canon EOS 1N KB, 2,8/17–35 mm L bei 20 mm, Blende 16, 1/8 Sek., Fuji Velvia ISO 50, Grau-Verlauf- und Polfilter, Stativ.

Seite 64

Links: Frühlingskrokusse.
Wenn immer es geht, versuche ich Blumen kreativ aus ihrem Umfeld herauszulösen – ich möchte sie niemals einfach nur dokumentieren. Durch den tiefen Kamerastandpunkt und das Telezoom konnte ich viele Blüten mit einbeziehen.
Contax RTS III KB, Vario Sonnar T 4,5–5,6/100–300 mm, bei 300 mm, Blende 8, 1/60 Sek., Fuji Velvia ISO 50, Stativ.
Rechts: Heidelbeersträucher.
Durch die lange Brennweite von 400 mm, in Kombination mit einem 12 mm Zwischenring, reduzierte ich die Schärfenebene auf wenige Blätter.
Canon EOS 1N KB, 5,6/400 mm L plus Zwischenring 12 mm, Blende 8, 1/30 Sek., Fuji Velvia ISO 50, Stativ.

Seite 65

Stillupklamm, Zillertaler Alpen, Österreich.
Auch in der reinen Landschaftsfotografie gibt es die Möglichkeit, Bewegung durch Bewegungsunschärfe auszudrücken. Ein klassisches Beispiel dafür sind Bäche und Flüsse. Ab Verschlusszeiten von 1/30 Sekunde und länger beginnt des Wasser plastisch zu »fließen«.
Canon EOS 3 KB, 2,8/17–35 mm L bei 35 mm, Blende 8, 1 Sek., Fuji Velvia ISO 50, Stativ.

Seite 66

Plankenstein, Bayerische Alpen, Deutschland.
Nach einer kalten Biwaknacht näherten sich von Westen immer mehr Wolken. Dennoch blieb ein freier Streifen im Osten, in dem die Sonne dramatisch aufging und erste Wolkenfelder stimmungsvoll von unten beleuchtete. Für nur zehn Minuten gutes Licht habe ich zwei Tage lang einen 18 Kilogramm schweren Rucksack durch die Berge geschleppt.
Contax RTS III KB, Distagon T 2,8/16 mm, Blende 11, 1/15 Sek., Fuji Velvia ISO 50, Stativ.

Seite 67

Herbstwald am Ätna, Sizilien, Italien.
November auf Sizilien, gibt es da überhaupt noch etwas zu fotografieren? Derartige Fragen höre ich immer wieder. Meine Antwort: Zu jeder Jahreszeit lassen sich gute Aufnahmen machen. Auch wenn der Wald kahl und die Landschaft karg ist. Was zählt, ist ein interessantes Motiv, eine möglichst spannende Gestaltung und vor allem gutes Licht.
Contax RTS III KB, Vario Sonnar T 4,5–5,6/100–300 mm bei 135 mm, Blende 8, 1/60 Sek., Fuji Velvia ISO 50.

Seite 68

Jubiläumsgrat, Wettersteingebirge, Deutschland.
Spät am Abend kletterte ich über einen letzten Felsaufschwung des Jubiläumsgrates. Die tief stehende Sonne tauchte die Berge des Wettersteingebirges und des Karwendels in warme Farben. Erst durch die unterschiedlichen Farbtöne und das Zusammenspiel von Licht und Schatten kommt bei diesem Bild Ordnung in das Chaos von Gipfeln und Graten.
Canon EOS 3 KB, 4/70–200 mm L bei 135 mm, Blende 16, 1/8 Sek., Fuji Velvia ISO 50, Stativ.

Seite 69

Garmisch-Partenkirchen, Bayern, Deutschland.
Eine Vollmondnacht ohne Schlaf. Fast ein wenig märchenhaft verschmelzen die Lichter von Garmisch-Partenkirchen mit dem Talnebel. In dieser sternklaren Januarnacht sank die Temperatur auf unter –20 Grad Celsius. Nur durch wiederholtes Armkreisen konnte ich vermeiden, dass die Finger bei der Arbeit mit der Fotoausrüstung gefühllos wurden.
Canon EOS 1N KB, 2,8/70–200 mm L, Blende 4, ca. 1 Minute, Fuji Sensia ISO 100, Stativ.

Seite 70

Skitour Daunkopf, Stubaier Alpen, Österreich.
Ein eisiger Höhensturm treibt tausende feinster Schneekristalle über den weiten Gipfelrücken des Hinteren Daunkopf. In derartigen Situationen ist es wichtig, dass jeder Handgriff sitzt. Angenehm ist jetzt ein Zoomobjektiv. Ohne große Standortwechsel lässt sich der Ausschnitt schnell variieren. Die relativ lange Belichtungszeit verdeutlicht das unwirtliche Spiel des Windes.
Contax Aria KB, Vario Sonnar T 3,5–4,5/28–70 mm bei 35 mm, Blende 8, 1/30 Sek., Fuji Velvia ISO 50.

Seite 71

Geitgaljen, Lofoten, Norwegen.
Die Schokoladenseite meiner Arbeit sind nicht lukrative Aufträge, sondern abenteuerliche Reisen mit Freunden. Zwei Skitourenwochen auf den norwegischen Lofoten gehören unvergesslich dazu. An wolkenlosen Tagen wie diesem schlägt mein Adrenalinspiegel Kapriolen. Film für Film läuft dann durch die Kamera, dennoch bleibt Muße für das Erlebnis.
Canon EOS 1N KB, 2,8/17–35 mm L bei 20 mm, Blende 11, 1/250 Sek., Fuji Velvia ISO 50.

Seite 72

»In der Sulze«, Stubaier Alpen, Österreich.
Viel zu selten fotografieren wir bei schlechtem Wetter. Die meisten (vor allem Kunden) wollen nur blauen Himmel und Sonnenschein sehen. Oft sind es jedoch gerade die ungewöhnlichen oder dramatischen Wettersituationen, die uns unvergesslich bleiben. Das Teleobjektiv verdichtet in diesem Fall den Eindruck starken Schneefalls.
Canon EOS 3 KB, 4,5–5,6/100–400 mm L IS bei 400 mm, Blende 5,6, 1/60 Sek., Fuji Sensia ISO 100.

Seite 73

Skitour Blankakopf, Samnaun-Gruppe, Österreich.
Wie lässt sich Firn, der Zauber einer Frühlingsskitour, fotografisch darstellen? Schnee ist Schnee, und Weiß ist Weiß? Erst das silberne Leuchten der glasig verharschten Schneefläche und vor allem das bewusste Unterbelichten dieser Gegenlichtsituation brachte den gewünschten Effekt.
Canon EOS 3 KB, 3,5–4,5/70–210 mm bei 135 mm, Blende 11, 1/125 Sek., Fuji Sensia ISO 100.

Seite 74

Pilger am Ganges, Haridwar, Indien.
Eine Szene aus »Tausendundeiner Nacht«. Erst im letzten Licht der Dämmerung waren die Farben für dieses Foto ideal. Durch die lange Belichtungszeit entstand gleichzeitig eine Mischung aus Schärfe und Bewegungsunschärfe.
Canon F1N KB, 3,5/20–35 mm L bei 20 mm, Blende 3,5, 2 Sek., Fujichrome ISO 400, Stativ.

Seite 75

Leh im Mondlicht, Ladakh, Indien.
Eine Mischung aus Mondlicht und letztem Dämmerlicht lässt Leh mystisch und verzaubert erscheinen. Leider ist diese Aufnahme aus den Anfängen meiner Fotografie ein Unikat – ich musste damals sehr sparsam mit Filmmaterial umgehen. Heute würde ich viele verschiedene Ausschnitte und Einstellungen belichten.
Canon F1N KB, 2/135 mm L, Blende 8, 4 Sek., Fujichrome ISO 400 auf ISO 800 gepusht. Stativ.

Seite 76

Am Jubiläumsgrat, Wettersteingebirge, Deutschland.
Um einen möglichst spektakulären Platz für diese Biwakaufnahme zu finden, kletterten wir zwei Tage über den winterlichen Jubiläumsgrat. Der Schlafsack selbst wird durch das weiße Licht einer LED-Stirnlampe beleuchtet, der Schnee im Vordergrund durch stark reduziertes Blitzlicht. Das i-Tüpfelchen jedoch sind die dramatischen Wolken des aufziehenden Schlechtwetters.
Canon EOS 1V KB, 2/135 mm L, Blende 5,6, 1Sek., Fuji Sensia ISO 100, Stativ. Blitz.

Seite 77

Hidden Valley, Kalifornien, USA.
Im Rahmen einer Produktion für Bekleidung und Schlafsäcke bot sich diese Lagerszene an. Ich wollte das Zelt durch den Einsatz einer Videoleuchte warm und heimelig wirken lassen. Das dazu im Kontrast stehende Blau der Dämmerung hatte nur wenige Minuten die richtige Intensität.
Canon EOS 1N KB, 2,8/17–35 mm L bei 24 mm, Blende 5,6, 2 Sek., Fuji Sensia ISO 100, Stativ.

Seite 78

Snowboarder in Hochsölden, Österreich.
In der Reportagefotografie ist es besonders wichtig, für Abwechslung zu sorgen, z. B. durch extreme Nahaufnahmen. Diese oftmals ungewöhnlich wirkenden Motive sind schwierig umzusetzen, hier vor allem durch die Geschwindigkeit des Snowboarders. Jose Navarro musste diesen Turn sicherlich zehn Mal fahren, bis ich endlich dieses Bild im Kasten hatte.
Canon EOS1N KB, 2,8/17–35 mm L bei 17 mm, Blende 5,6, 1/125 Sek., Fuji Sensia ISO 100, Blitz.

Seite 79

Schneeschuhtour, Estergebirge, Deutschland.
Nachdem ich mir die Szene von allen Seiten angesehen hatte, war klar, dass in diesem Fall das Gegenlicht den spannendsten Bildeindruck bringen würde. Nicht zuletzt, weil nur so die aufstiebenden Schneekristalle entsprechend glitzern und leuchten. Um bei diesen extremen Lichtverhältnissen keinen Scherenschnitt zu erhalten, hellte ich mit dem entfesselten Blitz leicht auf.
Canon EOS 3 KB, 2,8/17–35 mm L bei 20 mm, Blende 5,6, 1/60 Sek., Fuji Sensia ISO 100, Blitz.

Seite 80

Mont Blanc im Abendlicht, Frankreich.
Nicht nur für mich, sondern auch für viele andere Alpinisten sind die Aiguilles von Chamonix und der Mont Blanc die gewaltigste Kulisse der Alpen. Die herbstliche Luft lässt die Berge im Abendlicht noch klarer erscheinen. Ohne Föhnwolke wäre diese Aufnahme jedoch nur halb so interessant.
Contax RTS III KB, Vario Sonnar T 4,5–5,6/100–300 mm bei 200 mm, Blende 11, 1/4 Sek., Fuji Velvia ISO 50, Polfilter, Stativ.

Seite 81

Gipfelwechte Piz Calcuons, Silvretta-Gruppe, Schweiz.
In einer wenig spektakulären Landschaft bin ich oft lange auf der Suche nach dem idealen Vordergrund für ein Motiv. Über ihn und einen markanten Bildaufbau lässt sich Spannung und Aussage in ein Foto bringen.
Contax Aria KB, Distagon T 4/18 mm, Blende 11, 1/15 Sek., Fuji Velvia ISO 50, Polfilter, Stativ.

Seite 82

Mont-Blanc-Massiv, Frankreich.
Oft hängen an bestimmten Aufnahmen unvergessliche Erinnerungen. Wie so oft war uns die nahe Hütte zu teuer, und wir biwakierten vor einer großen Tour auf der Aiguille du Midi. An die Tour selbst erinnere ich mich nur vage, das Nebelmeer über dem Tal von Chamonix und den Mont Blanc im Mondlicht werde ich jedoch nie vergessen.
Canon F1N KB, 3,5/20–35 mm L bei 35 mm, Blende 5,6, 1 Sek., Fujichrome ISO 100, Stativ.

Seite 83

Großglockner, Hohe Tauern, Österreich.
Glück braucht der Fotograf: Nach einem stürmischen Aufstieg auf den Preber im Lungau fand ich wenige Meter hinter dem Gipfel eine windstille Mulde. Wolkenfetzen zogen über Berge und Grate. Aber nicht nur die Bilder waren die nächtliche Abfahrt mit Ski wert, auch das Erlebnis Bergeinsamkeit und Abenteuer möchte ich nicht missen.
Canon EOS 3 KB, 3,5–4,5/70–210 mm bei 210 mm, Blende 11, 1/4 Sek., Fuji Sensia ISO 100, Stativ.

Die wichtigsten Werke von Bernd Ritschel:

- *Berge im Licht, 1992*
- *Ammergauer Alpen, 1996*
- *Zillertaler Alpen, 1998*
- *Fotografie – Lehrschrift, 1998*
- *Zugspitze, 2000*
- *Bayerische Alpen, 2001*

Jürgen Winkler

Seite 88

Condoriri-Gruppe, Bolivien.
Für dieses Motiv blieb nicht viel Zeit, da Minuten später der Gipfel im Nebel verschwand. Keines meiner Schwarzweißbilder wurde so häufig veröffentlicht wie diese Aufnahme.
6 x 6 MF, 2,8/80 mm, Blende 8–11, 1/125 Sek., Agfapan ISO 25, Gelbfilter.

Seite 91

Eisacktal, Südtirol, Italien. An diesem Standort war ich mehrere Male, fotografierte in Schwarzweiß und Farbe. Dieses Bild, aufgenommen bei leicht verschleierter Sonne, wurde mit Abstand das beste.
6 x 6 MF, Sonnar 4/150 mm, Blende 32, 1/4 Sek., Agfapan ISO 25, Stativ.

Seite 92

Im Valtournanche, Italien.
Ein trüber Tag, der Himmel düster und verhangen, wenig Kontraste – eigentlich nicht einladend, ein Bild zu machen. Der Film wurde normal entwickelt (Motive mit unterschiedlichen Kontrasten). Die Vergrößerung machte ich auf hartem Papier.
6 x 6 MF, Xenotar 2,8/75 mm, Blende 11, 1/30 Sek., Agfa Isopan FF ISO 25, Stativ.

Seite 95

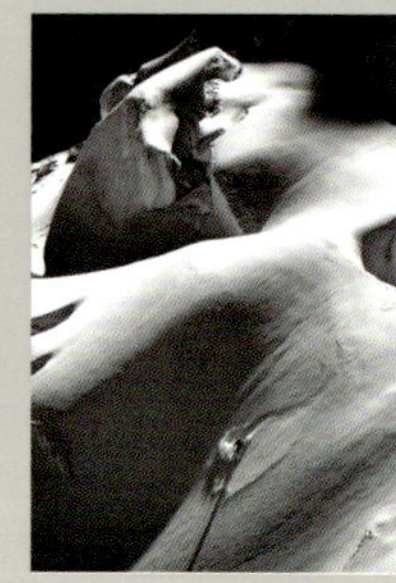

Im Persgletscher, Bernina, Schweiz. Die Schneedecke war hart gefroren, was man an der Spur und der Schneefahne erkennen kann. Der manuelle Filmtransport ermöglichte nur diese und eine weitere Aufnahme.
6 x 6 MF, 4/150 mm, Blende 8, 1/125 Sek., Agfa Isopan FF ISO 25, Gelbfilter.

Seite 96

Gebetsfahnen und Mount Everest, Tibet. Flach streift das Licht über den nahen Vordergrund, modelliert Feinheiten heraus und bringt die Gebetsfahnen vor den dunklen Geröllflächen zum Leuchten. Eine Bambusstange mit langem Schal verbindet symbolisch den Himmel mit der Erde.
Leica R6.2 KB, Elmarit 2,8/28 mm, Blende 11, 1/60 Sek., Kodachrome ISO 64.

Seite 97

Rosengarten, Dolomiten, Italien.
Um genügend Raum für den Wolkenhimmel zu haben, setzte ich den Gipfel der Rosengartenspitze an den unteren Bildrand. Der starke Wind in der Höhe schuf nur für Sekunden diese Wolkenformation.
Leica R6 KB, Elmarit 2,8/28 mm, Blende 5,6, 1/125 Sek., Kodachrome ISO 64, Stativ.

Seite 98

Tessin, Schweiz. Bei leicht bedecktem Himmel: Ein kurzer Quergang bei einer Kletterei im Val Maggia. Die Schärfeebene legte ich bewusst auf Seil, Karabiner und Schlinge, um Personen und Hintergrund unscharf zu bekommen.
Leica R4 KB, Sumicron 4/50 mm, Blende 4, 1/250 Sek., Kodachrome ISO 64.

Seite 99

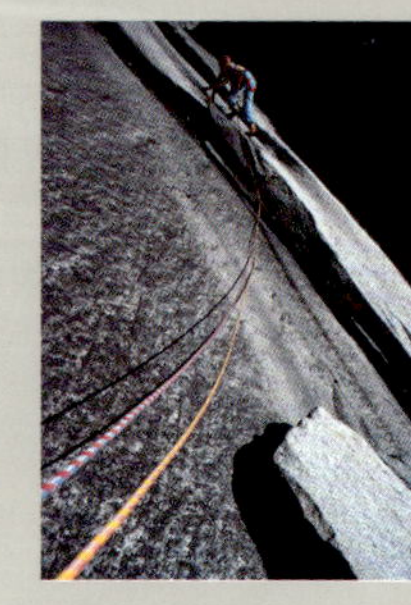

An den Grimselplatten, Schweiz. Kleidung, Helm und Doppelseil bringen einen erfrischenden Farbkontrast zu den grauen Felsplatten. Die starken Diagonalen beleben das Bild zusätzlich.
Leica R4 KB, Elmarit 2,8/28 mm, Blende 11, 1/60 Sek., Kodachrome ISO 64.

Seite 100

Wasserfallklettern, Deutschland.
Die Belichtung wurde mit dem Lunasix gemessen und um einen Wert verlängert. Beleuchtet wird die Szene vom Reflexlicht des blauen Himmels und der umliegenden Schneeflanken. Das Bild entstand im Winter 1979 und ist eine der ersten Aufnahmen vom Wasserfallklettern.
6 x 6 MF, 2,8/80 mm, Blende 11, 1/30 Sek., Ektachrome ISO 25, Stativ.

Seite 101

Sturmwolke über dem Mont Blanc, Frankreich.
Die Skiabfahrt von Brevent – dem besten Aussichtsberg über Chamonix – erfolgt zunächst nordseitig, bevor die Piste durch eine Scharte auf die Südseite wechselt. Da stand dann dieses monochrome Motiv, ganz in Blau, direkt in meinem Blickfeld.
Leica R4 KB, Summicron 2,0/50 mm, Blende 5,6/8, 1/250 Sek., Kodachrome ISO 64.

Seite 102

Eisstruktur, Bayerische Alpen, Deutschland. Der Nahbereich birgt eine große Fülle von interessanten Motiven. Man muss sie nur entdecken und Bilder daraus machen. Aufnahmen vom Eis sind einmalig, weil es vergänglich ist und sich seine Struktur und Form nie identisch wiederholt.
Leica R4s KB, Makro-Elmarit 2,8/60 mm, Blende 5,6, 1/125 Sek., Kodachrome ISO 64.

Seite 103

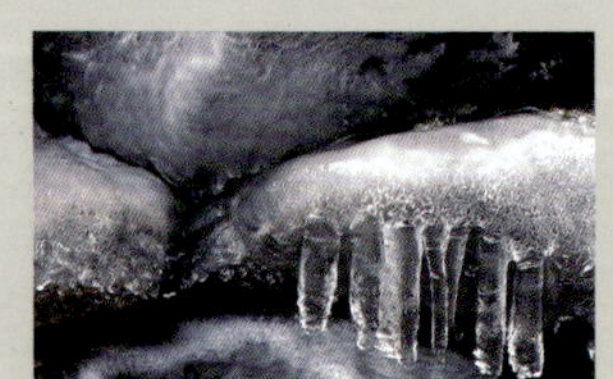

Eisiger Bach im Sikkim-Himalaya, Indien.
Eine kleine Blende bringt Schärfentiefe über das ganze Bildfeld, erfordert aber eine lange Belichtungszeit, die das bewegte Wasser unscharf werden lässt.
Leica R4s KB, Elmarit 2,8/90 mm, Blende 22, 1/4 Sek., Kodachrome ISO 64, Stativ.

Seite 104

Cordillera Vilcanota, Peru.
Die warmen Farben der unteren Bildhälfte stehen in gutem Kontrast zum Himmelsblau. Weite und Größe der Landschaft lassen sich gut erahnen durch die Gruppe der Menschen und Pferde – sie geben dem Bild einen Maßstab und Hilfe zur Orientierung.
6 x 6 MF, Planar 2,8/80 mm, Blende 11, 1/60 Sek., Ektachrome ISO 64, Skylight-Filter, Stativ.

Seite 105

Kali Gandaki, Nepal.
Tief unten fließt in vielen Armen die Kali Gandaki durch ihr weites Schotterbett. Starker Sturm wirbelt Sand und Staub auf. Beherrschend steht der dunkle Baum im Vordergrund, gibt der Landschaft Tiefe und Kontrast.
6 x 6 MF, Planar 2,8/80 mm, Blende 16, 1/30 Sek., Ektachrome ISO 64, Stativ.

Seite 106

Skitour, Bayerische Voralpen, Deutschland. Feuchte Luft, Wind und Minusgrade schufen diesen Märchenwald. Wichtig für das Bild sind der Kontrast zwischen kalten und warmen Farben, die Bewegungsunschärfe von Hand und Fuß sowie das lachende Gesicht.
Leica R6 KB, Elmarit 2,8/28 mm, Blende 11, 1/30 Sek. (einen Wert länger belichtet als angezeigt), Kodachrome ISO 64, Stativ.

Seite 107

Kaunertal, Österreich.
Diese Schneezunge animierte zum Bild. Ich ließ sie, eingerahmt vom dunklen Bachbett, leicht diagonal ins Bild hineinlaufen – das gibt Tiefe. Die Menschen, als kleine Farbtupfer auf dem Schnee, beleben das Bild.
Leica R4 KB, Summicron 2/35, Blende 11, 1/125 Sek. (einen halben Wert länger belichtet als angezeigt), Kodachrome ISO 64.

Seite 108

Urwaldlager, Bhutan.
Früher Morgen, die Sonne steht noch tief hinter den Bergen. Zwischen Zeltabbau, Packen und Frühstück ein Bild aus der Hand: Die Schärfe liegt auf dem Feuer mit den Töpfen, die Unschärfe dahinter unterstreicht die stimmungsvolle Atmosphäre.
Leica R4 KB, Summicron 2,0/50 mm, Blende 2, 1/30 Sek., Kodachrome ISO 64.

Seite 109

Namenlose Gipfel im Karakorum, Pakistan.
Dem Bild ist es nicht anzusehen, mit welcher Hast und Eile ich Kamera, Objektiv und Stativ zu einer soliden Einheit verband. Drei Minuten später war alles vorbei. Die Spotmessung auf die Bildmitte – wo helle und dunkle Partien zusammentreffen – brachte ein gutes Resultat: Wenig Licht leuchtet in viel Dunkelheit.
Leica R6 KB, Elmarit 2,8/135 mm, Blende 5,6, 1/30 Sek., Kodachrome ISO 64, Stativ.

Seite 110

Träger in Nepal.
Er und andere Männer vom Stamm der Rai begleiteten uns über Wochen durch Ostnepal. Kein gestelltes Bild: Der Mann hielt kurz an, und ich drückte mehrmals den Auslöser – dann gingen wir gemeinsam ein Stück des Weges.
Leica R4s KB, Elmarit 2,8/90 mm, Blende 4–5,6, 1/125 Sek. (bei bedecktem Himmel), Kodachrome ISO 64, Stativ.

Seite 111

Mädchen in Nepal.
Bei einer Gurung-Familie verbrachten wir die Nacht. Die kleine Tochter hockte auf der Veranda und beobachtete die Fremden aus Europa. Was eine Kamera ist, hat sie im Herbst 1971 noch nicht gewusst. Der Hintergrund liegt im Schatten, Gesicht und Hände im Licht.
6 x 6 MF, Sonar 4/150 mm, Blende 5,6, 1/125 Sek., Ektachrome ISO 64, Stativ.

Seite 112

Balti-Träger, Karakorum, Pakistan.
Als ich den schönen Gletschertisch sah, kam mir die Idee, mal ein besonderes Gruppenbild zu machen. Weil nicht alle auf den Stein passten, musste mehrmals gewechselt werden – eine Aktion mit viel Spaß und Vergnügen.
Leica R6.2 KB, 2,8/28 mm, Blende 8–11, 1/125 Sek., Kodachrome ISO 64.

Seite 113

Perito-Moreno-Gletscher, Argentinien.
Mächtige Wellen, erzeugt durch das Kalben des Gletschers, schleudern Eisblöcke auf die Uferfelsen. Den Vordergrund wollte ich übertrieben groß ins Bild setzen, aber nicht von der Umgebung isolieren; so griff ich zur Optik mit dem 92-Grad-Bildwinkel.
Leica R4s KB, Super-Angulon 4/21 mm, Blende 16–22, 1/30 Sek., Kodachrome ISO 64, Stativ.

Seite 114

Grasnelken, Island.
Zwei starke Diagonalen, strenge Linien, warme und kalte Farben, harter Fels und zwei zarte Blumensträuße – fertig ist ein einfaches plakatives Bild. Die Aufnahme erforderte Geduld, da der Wind die Grasnelken nur selten zur Ruhe kommen ließ.
Leica R6.2 KB, Elmarit 2,8/28 mm, Blende 22, 1/15 Sek., Kodachrome ISO 64, Stativ.

Seite 115

Wasserfall im Wallis, Schweiz.
Ein heißer Tag im August, Mittagszeit und wolkenloser Himmel. Ich machte eine Reihe von Aufnahmen im Hoch- wie im Querformat und veränderte auch mehrmals die Brennweite. Ohne die Kinder hätte man keine Vorstellung von den Dimensionen.
Leica R4s KB, Vario-Elmar 4/80–200 mm, Blende 8, 1/125 Sek., Kodachrome ISO 64, Stativ.

Seite 116

Zeltlager im Khumbu, Nepal.
Leichter Schneefall am späten Nachmittag verzuckerte die Zelte, aber nicht den wärmeren Erdboden. Die zarten Farben heben sich gut ab vom dunklen Hintergrund.
Leica R6 KB, 2/35 mm, Blende 16, 1/4 Sek., Kodachrome ISO 64, Stativ.

Seite 117

Nanga-Parbat-Gebiet, Pakistan.
Unfreundlich, nass und kalt war der Tag. Zwei Hirten machten unweit des Lagers ein Feuer mit toten Ästen und Stämmen. Durch die lange Belichtung addieren sich die züngelnden Flammen, sodass das Feuer dichter und größer als in Wirklichkeit wirkt.
6 x 6 MF, Sonnar 4/150 mm, Blende 16, ca. 2 Sek., Ektachrome ISO 64, Stativ.

Seite 118

Im großen Krater des Kilimandscharo, Ostafrika.
Ganz dicht bin ich an den Eisblock herangegangen, habe ihn oben und links im Schatten angeschnitten; so bleibt sein Ausmaß unbekannt und der Blick des Betrachters wandert nach rechts zu den zwei kleinen Menschen.
Leica R4 KB, Super-Angulon 4/21 mm, Blende 11, 1/125 Sek. (einen halben Wert länger belichtet), Kodachrome ISO 64.

Seite 119

Uomo di Cagna, Korsika.
Das warme Morgenlicht auf den Felsen brachte einen schönen Farbkontrast zur blauen Ferne. Zelt und Mensch zeigen nicht nur die Größe der Blöcke, sie sind der Clou des Bildes: Der Uomo die Cagna ist – »by fair means« – unbesteigbar.
Leica R4 KB, Sumicron 2,0/35 mm, Blende 11, 1/30 Sek., Kodachrome ISO 64, Skylight-Filter, Stativ.

Seite 120

Pala, Dolomiten, Italien.
An einem Tag im Herbst – in den Tälern war es grau und trist – stieg ich auf den Monte Mulaz. Mehr als zwei Stunden verbrachte ich auf dem Gipfel, beobachtete Licht und Wolken und drückte immer wieder auf den Auslöser – bis die Sonne verschwand.
Leica R 6.2 KB, Elmarit 2,8/28 mm, Blende 5,6, 1/30 Sek., Kodachrome ISO 64, Stativ.

Seite 121

Mond über dem Ganesh Himal, Nepal.
Nach vielen Schlechtwettertagen am Manaslu klarte es abends auf, und die Temperatur sank schnell unter –20° C. Als die Nebel verschwanden und sich die gelbe Scheibe des Mondes über den Horizont schob, begann ich mit einer Reihe von Aufnahmen.
Leica R3 KB, Elmar 4/180 mm, Blende 8, ca. 4 Sek., Kodachrome ISO 64, Stativ.

Die wichtigsten Werke von Jürgen Winkler:

- *Im extremen Fels, 1970*
- *Nepal, 1976*
- *Himalaya, 1989*
- *Aus den Bergen, 1993*
- *Das andere Bild der Berge, 2000*

Heinz Zak

Seite 131

Vollmond, Blick von der Pleisenspitze, Karwendel, Österreich.
Eine einzigartige Stimmung erlebte ich in dieser Vollmondnacht im Januar. Von 24 Uhr bis 3 Uhr früh war ich bei Föhnsturm auf der Pleisenspitze im Karwendel. Der Wind hatte all den Dreck in der Luft weit nach Norden geblasen. Wie eine Weltraumstadt schwebte München hinter den Karwendelbergen.
KB-SLR, 4/80–200 mm bei 200 mm, Blende 5,6, 7 Min., Kodachrome ISO 64, Stativ.

Seite 132

Mein Schatten mit Alexander Huber, »Salathé«, El Capitan, Yosemite, USA.
Die Bilder der ersten Rotpunktbegehung der »Salathé« durch Alexander Huber gingen rund um die Welt.
KB-SLR, 2,8/20 mm, Blende 8, 1/125 Sek., Fuji Velvia ISO 50.

Seite 133

Alexander Huber in der Headwall der »Salathé«-Route, El Capitan, Yosemite, USA .
Mein bedeutendstes Kletterbild. 800 Meter über dem Talboden hing ich sieben bis acht Meter von der Wand entfernt viele Stunden im Statikseil, um die geeignete Perspektive zu finden. Der Wind schaukelte mich hin und her, zudem drehte ich mich ständig im Kreis, da ich mich nicht zusätzlich an der Wand fixieren konnte, sonst wäre das Seil im Bild zu sehen gewesen.
KB-SLR, 2,8/20 mm, Blende 8, 1/125 Sek., Fuji Velvia ISO 50.

Seite 134

Alexander Huber in »Bellavista«, Westliche Zinne, Dolomiten, Italien.
Um in dem 50 Meter ausladenden Dach auch noch Kamerastandpunkte einnehmen zu können, musste das Seil immer wieder in riesigen Schlaufen am Fels verankert werden, an denen ich mich abseilend und aufsteigend fortbewegte.
KB-SLR, 2,8/17-35 mm bei 17 mm, Blende 8, 1/60 Sek., Fuji Velvia ISO 50.

Seite 135

Alexander Huber in »Bellavista«, Westliche Zinne, Dolomiten, Italien.
Die Fotoarbeiten in »Bellavista« waren besonders spannend, weil die Route nur spärlich mit fragwürdigen Normalhaken abgesichert ist und weil sich Alexander deshalb nicht überall ausruhen konnte.
KB-SLR, 2,8/17–35 mm bei 17 mm, Blende 5,6, 1/125 Sek., Fuji Velvia ISO 50.

Seite 136

Dean Potter, Solobegehung der Half-Dome-Nordwestwand, Yosemite, USA.
Mit dem Seil auf dem Rücken kletterte Dean Potter free solo durch die Half-Dome-Nordwestwand. Vom Gipfel seilte ich 150 Meter in die Wand hinunter, um die spannendsten Stellen fotografieren zu können.
KB-SLR, 3,5–4,5/35–70 mm bei 35 mm bzw. 70 mm, Blende 5,6, 1/125 Sek., Fuji Velvia ISO 50.

Seite 137

Dean Potter, Balanceakt am Lost Arrow, Yosemite, USA.
Nur für dieses Bild bin ich nochmals nach Amerika geflogen. Drei Wochen früher, als ich ohnehin im Yosemite fotografierte, fühlte sich Dean noch nicht bereit für diese Aktion.
KB-SLR, 3,5–4,5/35–70 mm bei 35 mm, Blende 8, 1/60 Sek., Fuji Velvia ISO 50.

Seite 138

Simon Nadin in »Things on a Spring«, (E6/7a), Peak District, Großbritannien.
Und was jetzt? Diese Frage stellte ich mir jedenfalls, als Simon Nadin nur 1,5 Meter von mir entfernt an dieser Schlüsselstelle angekommen war. Erst mal legte er einen wilden Sturz hin, beim zweiten Anlauf war er locker genug, um die harte Stelle klettern zu können.
KB-SLR, 2,8/20 mm, Blende 4, 1/30 Sek., Fuji Velvia ISO 50.

Seite 139

Jerry Moffatt, free solo in seiner Route »Ulysses«, (E6/6b), Stanage, Großbritannien.
Bewusst wählte ich einen höheren Standpunkt, um den vergleichsweise kleinen Menschen vor dem runden Bauch zu sehen. So entsteht auch in der nur 8 Meter hohen Route entsprechend Tiefe.
KB-SLR, 2,8/20 mm, Blende 4, 1/60 Sek., Fuji Velvia ISO 50, Aufhellblitz.

Seite 140

Egon Netzer und Florian Schranz in »Eisspur«, Renkhütte, Tirol, Österreich.
Ich suchte mir ein Loch im ca. 100 Meter breiten Eisvorhang, um die Illusion zu erzeugen, dass die beiden Kletterer an einem riesigen Eiszapfen hingen.
KB-SLR, 2,8/17–35 mm bei 17 mm, Blende 11, 1/30 Sek., Fuji Velvia ISO 50.

Seite 141

Alan Mullin in »Holidays from Ice«, (M8/8), Rudolfshütte, Österreich.
Weil mir dieser Riss fotogen erschien, wagte Alan Mullin die Erstbegehung dieser anspruchsvollen Route. Im Sturm kämpfte er sich höher und riskierte einen weiten Sturz. Ich wollte ihm ein Seil zuwerfen, aber Alan entschied sich für den Lohn der Angst, nämlich die Erstbegehung.
KB-SLR, 2,8/17–35 mm bei 20 mm, Blende 8, 1/30 Sek., Fuji Velvia ISO 50.

Seite 142

Cerro Torre, Patagonien, Argentinien.
Nur für wenige Minuten strahlte die Sonne bei Sonnenaufgang unter einer schwarzen Wolkenwand hindurch und beleuchtete den Cerro Torre. Das Bild entstand ohne Filter. Die Farben sind natürlich!
KB-SLR, 4,5–5,6/70–300 mm bei 200 mm, Blende 8, 1/30 Sek., Fuji Velvia ISO 50, Stativ.

Seite 143

Besteigung des Cerro Torre über die Kompressor-Route, Patagonien, Argentinien.
Um schnell zu sein, verzichteten wir sogar auf unsere Schlafsäcke. Jeder von uns hatte nur sieben Müsliriegel als Verpflegung für zwei Tage. Auch fotografisch beschränkten wir uns auf ein Gehäuse mit dem ultraleichten Sigma 18–35-mm-Objektiv.
KB-SLR, 3,5–4,5/18–35 mm, Fuji Velvia ISO 50.

Seite 144

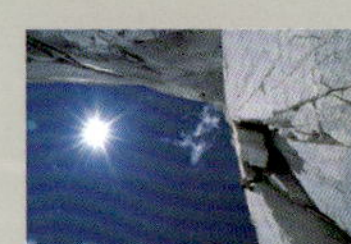

Am Fitz Roy, Patagonien, Argentinien.
Links: Peter Janschek in »Royal Flush«.
Wie immer verwendete ich eine manuelle Messung, um Fels, Sonne und Himmel richtig zu belichten.
KB-SLR, 2,8/20 mm bei Blende 11, 1/125 Sek., Fuji Velvia ISO 50.
Rechts: Peter Janscheks Hände nach der Route »Royal Flush«.
Nach drei Tagen in der Route »Royal Flush« waren wir total müde. Trotzdem zog ich hierfür schnell die kleine Contax heraus und schoss dieses Bild.
KB-Sucherkamera, 3,5–5,6/28–55 mm bei 28 mm, Fuji Velvia ISO 50, Aufhellblitz.

Seite 145

Fitz-Roy-Massiv, Patagonien, Argentinien.
Ein seltener Anblick. Klarer Himmel beim Sonnenaufgang am Fitz Roy. Eine kleine Wolke warf den Schatten, der das Bild spannend macht.
KB-SLR, 4/80–200 mm, Blende 8, 1/15 Sek., Fuji Velvia ISO 50, Stativ.

Seite 146

Stefan Kiechl, Indian Creek Canyon, Arizona, USA.
Zufällig entdeckten wir diese Höhle, die von zwei Seiten Licht bekam und durch die eine Kletterroute führte. Nur Spotmessung und manuelle Belichtung lösten dieses Belichtungsproblem.
KB-SLR, 2,8/20 mm, Blende 5,6, 1/8 Sek., Fuji Velvia ISO 50, Kamera angelehnt, ohne Stativ.

Seite 147

»Walfisch«, Antelope Canyon, Arizona, USA.
Im Antelope Canyon gibt es tausende Motive. In der Vielfalt dieses Bild zu finden, ist schwieriger, als es aussieht. Es lohnt sich, wiederholt die gleichen Standorte zu besuchen und zu verschiedenen Tageszeiten das einfallende Licht zu beobachten.
KB-SLR, 3,5–4,5/35–70 mm bei 35 mm, Blende 16, 1 Sek., Fuji Velvia ISO 50, Stativ.

Seite 148

Baum am Gipfel des El Capitan, Yosemite, USA.
Obwohl der Stein den Stamm des Baumes verdeckt, wählte ich diesen Standpunkt. Der Stein und die Form des Baumes faszinierten mich.
KB-SLR, 2,8/80–200 mm bei 100 mm, Blende 22, 1/4 Sek., Fuji Velvia ISO 50, Stativ.

Seite 149

Bristlecone, White Mountains, Kalifornien, USA.
Die Fuchsschwanzkiefer wird bis zu 4700 Jahre alt. Obwohl die Bäume mit ihrer Gesamtansicht exzellente Fotoobjekte bieten, suchte ich bewusst Detailaufnahmen.
Großformat 9 x 12 cm, 5,6/240 mm, Blende 16, 1/4 Sek., Ektachrome ISO 64.

Seite 150

Blaue Gumpe, Wettersteingebirge, Deutschland.
Um sowohl dem Wasser als auch dem Spiegelbild gleichwertige Bedeutung zukommen zu lassen, verwendete ich für diese Aufnahme einen Grau-Verlauffilter.
KB-SLR, 3,5–4,5/35–70 mm bei 70 mm, Blende 16, 1 Sek., Fuji Velvia ISO 50, neutraler Grau-Verlauffilter, Stativ.

Seite 151

Bergsee, Annapurna-Gebiet, Nepal.
Ein zauberhafter Morgen. Nur der Grau-Verlauffilter ermöglichte dieses ruhige Bild. Für die schwierig zu ermittelnde Belichtungszeit habe ich den Himmel angemessen.
KB-SLR, 3,5–4,5/18–35 mm bei 18 mm, Blende 11, 1/2 Sek., Fuji Velvia ISO 50, neutraler Grau-Verlauffilter, Stativ.

Seite 152

Tuffsteingebilde am Mono Lake, Kalifornien, USA.
Unser fünfjähriger Sohn sah in den Tuffsteingebilden am Mono Lake Zwergenschlösser. Also legte ich mich auf den Boden, um dieser Vorstellung nahe zu kommen. Belichtung und Blitz wurden manuell festgelegt.
KB-SLR, 2,8/20 mm, Blende 11, 1/30 Sek., Ektachrome ISO 64, manueller Blitz.

Seite 153

Mammoth Terraces, Yellowstone National Park, USA.
Bei Sonnenaufgang wartete ich, bis der Schatten anfing zu wandern und die Sonne die Terrassen gelb färbte. Wie ein Gemälde erschienen sie mir aus dieser Perspektive. Die toten Bäume halfen mir, das Bild zu gestalten.
KB-SLR, 4/80–200 mm bei 150 mm, Blende 16, 1/2 Sek., Ektachrome ISO 64, Stativ.

Seite 154

Eibsee, Wettersteingebirge, Deutschland.
Erst die vorbeischwimmenden Blätter brachten genügend Tiefe in das Bild. Mit der Kamera lief ich den Blättern hinterher.
KB-SLR, 2,8/20 mm, Blende 11, 1/60 Sek., Fuji Velvia ISO 50, Polfilter.

Seite 155

Vernal Fall, Yosemite, Kalifornien, USA.
Der aufsteigende Wasserdampf formte diesen Regenbogen. Nach einer halben Stunde waren die Kamera und ich klatschnass.
Großbild, 9 x 12 cm, 4/150 mm, Blende 22, 1/8 Sek., Ektachrome ISO 64, Stativ.

Seite 156

Ahrnspitze, Wettersteingebirge, Österreich.
Ein Morgen an meiner Lieblingskletterwand, der Schüsselkarspitze. Die manuelle Belichtungsmessung auf die Wolke führte zur richtigen Belichtung.
KB-SLR, 2,8/20 mm, Blende 11, 1/125 Sek., Fuji Velvia ISO 50.

Seite 157

Gehrenspitze, Wettersteingebirge, Österreich.
Nur für Sekunden stand die Sonne genau hinter dem Berg. Die Belichtung ermittelte ich blitzschnell am Himmel.
KB-SLR, 2,8/16 mm, Blende 16, 1/30 Sek., Fuji Velvia ISO 50.

Seite 158

Ama Dablam, Nepal.
Überraschend tauchten diese Wolken auf. Der Polfilter verstärkt die Kontraste.
KB-SLR, 2,8/20 mm, Blende 11, 1/30 Sek., Fuji Velvia ISO 50, Polfilter.

Seite 159

Lhotse-Südwand, Nepal.
Während meine Begleiter alle schon im warmen Zelt saßen, wartete ich stundenlang im Nebel auf den Sonnenuntergang. Wie von Geisterhand lichteten sich die Nebelschleier über der 4500 Meter hohen Lhotse-Südwand, über der gerade der Vollmond aufging.
KB-SLR, 4/80–200 mm bei 200 mm, Blende 11, 1/8 Sek., Fuji Velvia ISO 50, Stativ.

Die wichtigsten Werke von Heinz Zak:

- *High Life, 1986*
- *Karwendel, 1990*
- *Sicher Freiklettern, 1990*
- *Rock Stars, 1995*
- *Wetterstein, 1998*

Fotografie im Übergang

Die digitale Zukunft der analogen Bilder

Die Fotografie ist tot – es lebe die Fotografie! Gewaltig tönen die Fanfaren der digitalen Revolution. Die sie vernehmen, Amateure wie Profis, stimmen lauthals ein, blicken Hilfe suchend in die Runde oder schleichen stumm vom Platz. Verunsichert sind alle. Wer Orientierung sucht, fragt die Experten. Zum Beispiel: Sind die neuesten professionellen Spiegelreflexkameras, die da hochpotent, im Vollbesitz ihrer Autofocus-Funktionen, schwarz schimmern, wirklich Objekte der Begierde, auch für Amateure? Oder sind sie am Ende nur – schöne Leichen? Wer nur oft genug fragt, bekommt am Ende die Antworten, die er hören will.

Dieses Buch zeigt Bilder, die entweder mit einer dieser brandneu-uralten Superkameras belichtet wurden oder mit anderen Apparaten, die nach verbreitetem Urteil ebenfalls auf den Schrottplatz oder, in begrenzter Zahl, ins Museum gehören. edition Berge fotografiert Berglandschaften analog, auf Filmen, die noch im Labor entwickelt werden. Wie soll man diese Haltung verstehen? Als naiven Stolz? Oder als Ignoranz? Fast scheint es, als schlage die »klassische« Fotografie ihre letzten Rückzugsgefechte, um schon bald, ihrer selbst bewusst, in Schönheit zu vergehen. Doch halt – man läuft Gefahr, zwei Sachen für eine zu nehmen, Motiv und Medium, die scheinbar nichts miteinander zu tun haben. Können Berglandschaften nicht auch mit der neuen digitalen Technik aufgenommen werden? Natürlich können sie das.

Für die doppelseitige Wiedergabe in Bildbänden und Magazinen reicht die Qualität handlicher Geräte heute noch nicht aus, aber den Bildbänden und Magazinen werden ja auch schon Nachrufe geschrieben. Wer die grundsätzliche Trennung von Motiv und Medium nicht infrage stellt, blickt allerdings zu kurz. Weit hat die digitale Revolution das Tor der Möglichkeiten und Manipulationen geöffnet. Das muss die Berufsfotografen beunruhigen: Ihr genuiner Blick auf die Welt verkommt zum Roh-Scan fürs Pixelkneten am Bildschirm. Und sind dann die Daten, die Bilder waren – analoge Bilder –, erst mal im Netz, kommen sie da nicht mehr raus; wer hineingreift und sich bedient, entzieht sich oftmals der Kontrolle.

Die Möglichkeiten des Mediums verändern aber auch die Motive selbst. Nicht umsonst schmücken die Fachmagazine ihre Themenseiten »Digitale Fotografie« gern mit surrealen Montagen. Die sehen dann in den besten (seltenen) Fällen aus wie Umsetzungen der Ideen von René Magritte, der so was schon 1930 gemalt hat. Mit Öl auf Leinwand. 70 Jahre später, so die frohe Botschaft, kann man dasselbe also mit dem Computer machen und nennt es: modern.

Auch in der analogen Fotografie ist die immer weiter entwickelte Technik nicht spurlos an den Motiven vorübergezogen. Vor allem jedoch hat die Industrie die Amateure seit 10, 15 Jahren immer schlechter versorgt. Die große Fülle von Modellen täuscht darüber hinweg, dass die Qualität der Produkte nachgelassen hat. Angeboten wird in erster Linie billige Massenware, die im Geschäft noch zu viel Geld kostet: Kameragehäuse aus Kunststoff, lichtschwache Objektive mit einer Mechanik, die dem Wort Hohn spricht.

Wer die Bilder in diesem Buch betrachtet, dem werden solche Erwägungen erst mal herzlich egal sein. Die Fotografen und ihr Publikum teilen dieselbe Begeisterung für das Motiv Berg, und Begeisterung macht – blind. Denn was die einen zeigen, und was die anderen anschauen, ist reine Emotion, ist Sehnsucht, ist eine gemeinsame, scheinbar keiner Erklärung bedürfende, keine Erklärung verlangende Übereinkunft über die Gestalt des Schönen. Begeisterung macht blind, das ist der Grund, weshalb so viele Bergbegeisterte von den fotografischen Ergebnissen ihrer Ausflüge regelmäßig enttäuscht sind; weshalb sie seufzen, dass es »in Wirklichkeit« viel schöner gewesen sei.

Deshalb gibt es Bücher wie dieses, mit Bildern einer Wirklichkeit, die auch auf Papier noch begeistert. Viele Jahre später werden unsere Kinder und Enkel gerne darin blättern. Vielleicht werden sie auch Papas respektive Opas uralte »Analoge« aus dem Keller holen, den Staub von der Oberfläche pusten und sich wundern. Wo man früher einen frischen Film eingelegt hat, da werden sie den geladenen Akku einschieben, die neueste Speicherkarte in den Rucksack stecken und ins Gebirge aufbrechen. Auch wenn ihre Kamera die Welt zum Datensatz herunterrechnet, sie werden mit ihren zwei Augen Berge sehen und keine Pixel.